ハンス・レンク　著
畑　孝幸
関根正美　訳

# スポーツと教養の臨界
## ―身体価値の復権―

不昧堂出版

# Hans Lenk

# Die achte Kunst

## Leistungssport – Breitensport

EDITION INTERFROM

Die achte Kunst-Leistungssport-Breitensport-
Hans Lenk, Osnabrueck: Fromm, 1985
Texte + Thesen 176
ISBN3-7201-5176-X

# 日本語版への序文

現在の文化は国際色豊かである。経済もグローバルな影響力をもつ。それらは目覚しい進歩をとげている。同じようにスポーツ〝それはおそらく最初に世界の各地に伝播した平和的な現象だろう〟の進展もまた著しい。その過去二〇年間の劇的な変化には目を見張るものがある。今のスポーツの変容した姿を、二〇年以上も前に出版された本書「スポーツと教養の臨界 ―身体価値の復権―」は、正確に伝えられるのだろうか。それを無理だと頭から決めつけるのは誤りだろう。本書が素描した二〇数年前（一九八五年）の傾向は、変わっていないどころか、かえって悪化している。どうやらそれはスポーツという構造に深く根を下ろしているようだ。私は、本書を読みなおしたときほど、このことを身にしみて感じたことはなかった。ドーピング問題、商業主義、営利主義、冷酷で非情な競争原理など、当時のチャンピオンスポーツに見られた批判的な現象や、かつて私が言及した他者否定の優勝劣敗主義も改まらないし、政治権力・市場の魔力・メディアの圧力に左右されない人道的なスポーツへの回帰が急務であることにも変わりはない。こうした批判的な現象は、以前より先鋭化し、容易ならざる事態に陥った。それは、競技者に対する誘惑、人間存在に関わる由々しき問題、「伸るか反るか」の勝負観、そして、スポーツの競技成績で自国の社会システムの優勢を「立証」することが政治的な「東西対立」の解消により不要になったにもかかわらず、国家がチャンピオンスポーツのことで「大げさに騒ぎたてる」風潮とて同じである。かつて私が予測した多くの事態が、今では否応なしに意識されるようになった。なかでも目に余るのは、ドーピング問題、テレビのショービジネスへと変化したチャンピオンスポーツである。

私は本書の出版から一〇年後、一九九六年オリンピック大会のことを「テレアード・ドーピアード・コマーシアード」と表現し、そのことで辛辣な非難を浴びたが、やがて異論を唱える人はいなくなった。最近のオリンピック大会は、シドニー大会がテレビで見る楽しみに重点をおいた催し物として、それにまつわる高額な放映権料とともに人々の関心を引いたように、コマーシャリズムとテレビズムに毒されている。シドニー大会では、メダリスト以外の選手も対象にしたドーピング検査で陽性者が一%しかなかったにもかかわらず、次のようなドーピング事件が露見し、世人の気持ちを刺激した。それを、すなわちエポテストの実施を事前に知らされた三〇人ほどの選手がシドニーには向かわず大会前に引き揚げたこと、オリンピックに派遣されたオーストラリアとアメリカの選手の二〇%〜二五%が喘息患者だったこと（達成を高める薬物の摂取を医者に認められていたこと）を考慮すれば、シドニー大会〝オリンピック史上「最高」の大会（IOC会長の発言）〟を「ドーピアード」と称してもはばかられないだろう。もし私が、一九七〇年代の初頭に、私の知るかぎり初めてのドーピング検査を、競技のトレーニング中に抜き打ちで〝国の内外を問わず〟経験していなかったら、このことで私は皮肉や冷笑を受け、「身内の顔に泥を塗る」こととなっただろう。かつて私に「実際のところイメージどおりだ」という辛辣な発言をさせた組織の傾向、すなわち二枚舌を使い外部に漏れないように揉み消す傾向は今でも見られるばかりか、それは長い間にわたって完成の域に達したにちがいない。「実際のところイメージどおりである。そしてスポンサーも関与している」（ドーピングスキャンダルではスポンサーは無関係だろう。彼らは背後に隠れている。そしてツール・ド・フランスをドーピングまみれにしてしまった）。二〇世紀最後のツール・ド・フランスでは、実はその数年前に行われたフランドル一周レースのドーピング検査で一一％の選手が陽性だったにもかかわらず、スキャンダルが公になった。とにかく、スポーツ関係者、一般大衆、裁定者が協力して、ドーピングに関する自分たちの行動の後始末を行わなければならない。検査組織と裁定組織の自立を保たなければならない。その基礎作りをしなければならない。それは今のところ、一部、内外のドーピング関係機関によって行われている。しかし超人的な腕前でドーピングを行うものはなくならないだろう。なぜなら、成長ホルモン、遺伝子ドーピング、新手の方法（例えば人為的な催眠状態）を検出する手立てが見つかっていないことが、ドーピング問題の解決を妨げているからである。利点を追求するものはアイデアに富んでいる。彼らは悪事に全力を傾注し鮮やかな手つきで不正を働く。スポーツ医学で定義されている（非生理学的方法と濃度により生態固有の物質を補給する）栄養補助食品の存在と、特定の物質とそれに「類似」する物質を列挙したＩＯＣ禁止薬物リストの存在が、「認められた」（達成の向上に「不可欠な」）サプリメントの範囲を不明確にしている。それは不完全で矛盾だらけである。例えば、カフェインとコカインは〝双方の定義にしたがえば〟オリンピックでは禁止薬物であるが、スポーツ医学では必ずしも禁止薬物ではない。極めて曖昧な定義によって、達成を高めるために人間の体内には存在しない達成向上の物質が、許可された物質となりうる。ところでドーピングは、大衆スポーツやフィットネススタジオで行われるスポーツにとって大きな問題である。報道によるとドイツでは、二〇万人のフィットネス愛好者が薬物や栄養補助食品を摂取しているという。少なくともスポーツ釣り連盟、チェス連盟、スキーボッブ連盟、ボート連盟は、ドイツでは最近数年間、ドーピングとは無縁である。

行き過ぎた勝利の重視、「他者否定の優勝劣敗主義」、大衆から受ける心理的圧迫が、スポーツにおける人間性の問題を相変わらず未解決〝達成に対する世論の圧力が「伸るか反るかという」動機を生じさせていること、トレーナー、スポーツ種目、選手（女性も含めて）までが経済的に達成に依存していること、スポーツにおける技術の進歩と軍備拡張と軍拡競争に基づいていること〟にしている。

要するに問題は解決されていないのである。それは以前よりも悪化している。人間性の実現は危機的な状況にあると言ってもよい。

「みんなのスポーツ」と「真の大衆学芸」について私の考えを示しておこう。スポーツクラブが提供する健康スポーツや大衆スポーツは求心性を失い、クラブや組織の枠を超えて行われるフィットネススポーツやファンスポーツへと拡散していく大衆運動が起こっている。それは、手軽に参加でき、選択肢が豊富で、レベルに応じた実践が可能な「真の大衆学芸」への転換である。自らの都合にあわせてスポーツスタジオで行うフィットネススポーツ、用具や衣装に凝ったファンスポーツ、そして自己の価値を認める傾向の強い最近流行の危険なスポーツ、これらはスポーツ活動に活発な若者によって支えられている。しかも、それらの活動は多様であり、伝統的なスポーツ組織から十分に独立している。スポーツ組織は以前は彼らの立場ではあまり関心を示してこなかったが、今ではこれらの個人的フィットネススポーツ種目とファンスポーツ種目を同様に受け入れ、彼らの申し出を特に考慮している（例えば、既に漠然と生じたスポーツクラブにおけるエアロビクスの流行、インラインスケートを参照）。伝統的なスポーツ運動種目にとって、個人的な冒険スポーツ種目と危険スポーツ種目の組織は難しい。しかしそれは、高度な文明に生き、冒険や危険な経験から隔離されている人々の間では、魅力的な刺激を行っているようにみえ、そして今では大変なブームとなっている〝例えば、カヌー、バンジージャンプなど。個人的な「フロー」体験に向けての努力、流行のアクセサリーも含めた現代的な身体性と身体形成に向けての努力は、ナルシスティックな傾向を帯びているようにみえる。それは特にボディービルディングにおいて現れる。外的な身体構築、スポーツ性を通して約束された形態によって「そこに存在すること」は「注目の的」で「流行の先端を切っている」〟しばしば、スポーツ性あるいは衣服の外見が疑似美容的効果を十分に発揮することがある。「あなたの見かけがあなたたなのです」。このような自分を他人と区別したがることの本質には追従主義が根底にあるように思える。モデルとなる競技者、モデルとなる像、メディアの提示、仲間集団の価値などへの追従が基礎になっているように思える。自己の提示がすべてなのである。アービング・ゴフマンはその喜びをとらえていたのだろう。提示された達成は、純粋に努力された行為を押しのけていないのだけれども、カバーし、過度に形作っているように思える。見せかけの達成、見せかけの体力、見せかけの身体は、活発な個人的達成にまさるようにみえるか、それを無用にさせるようにみえる。みせかけの達成は十分に達成であると思われる〝われわれの成功社会と広告社会の公開性における、メディアの空虚さ、購買欲をそそる広告、政治的威圧行動をめぐっての公的市場に似ている。それは「達成社会」として特徴付けられ知られている。「(何よりも）善を行え、そしてそれについてしゃべりなさい」〟この有名な政治的アピールの見識は、広告社会において許されるように見えるし、まず第一に独自な行為を放棄するように見える。

しかしながら、極端に走ること、誇張して描くことは、まったく適当ではない。明らかに、各人はグループの中にのみ自分の姿を反映させるべきではなく、自分で実際にまた自分自身に関わる問題であることを示すべきである。危険なスポーツ種目と冒険スポーツ種目のブーム、フィットネスの波、トレーニングの波、ジョギングの波がそのことを示している。個人的な行為、個人的な達成、自己の克服、努力して目標を達成することへの活発な献身は、喜び、自己の価値の経験、内的な満足感を今なお変わることなく人々に伝えている。「楽しみ社会」にもトレーニングとスポーツ的運動は勧められる。というのは、適度のトレーニングは楽しいし、〝それに加えて規則的に行われれば明らかに健康的である〟健康への要求と健康の促進にとってなくてはならないからである。この点では、本書のなかで強調されている「小さな達成による大きな喜び」という認識は、依然として、その根拠を有するし有効である。おそらく、大衆スポーツという古めかしい概念（あるいはひどいスポーツの匂いがする「トリム運動」）を、体験的なスポーツもしくはファンスポーツに取替えるべきだし、そうすれば、身体的な個人的行為は今なお「注目の的」であり続ける。オンラインサーフィンとインラインスケート、ともにそれらは危険な一面性を防ぐことができる。個人的な活動はまさにダイナミックな社会的環境において活発な体験の神秘であり続ける。

今回「フェアネスの裏と表」（初版一九八九年、日本語訳二〇〇〇年）に続き、本書が日本語に翻訳されることになった。それは私にとって身にあまる光栄である。翻訳という大変な努力を要する仕事を成し遂げた訳者の畑教授と関根教授にお礼申し上げる。あわせて、訳者らの指導教官であると同時に私の親友でもある片岡暁夫教授（筑波大学名誉教授、元日本体育学会会長、元日本・体育スポーツ哲学会会長）には、彼らを励まし翻訳の完成にまで導いてくださったことに心から感謝申し上げたい。本書は「達成動機とチームのダイナミズム」（初版一九七〇年、改訂版一九七七年、日本語訳一九七七年）から数えて日本の読者に身近になった三冊目の著書である。本書により、私が一九八三年に「Eigenleistung」（一四一ページ）で試みた議論、すなわち個人的な行為と「個人的達成」の日欧比較に関する議論に花が咲けば幸いである。個人の行為を絶えず集団との関係で捉えながら集団の達成とマッチさせる日本的伝統は「チームの達成の賛歌」とでも呼びうる一つの形式をなしている。グループにマッチした個人の達成や個人の行為は可能であるし意義深い。それは西洋でも団体の達成やチームの達成として知られている。要するにわれわれは個人の達成を西洋的な個人主義の枠組みで理解してはならない。チームの達成は個人の達成である。達成する人が自分でグループを超えて同一視する団体の中で達成することは個人の行為である。グループの達成はグループにおける内部の競争に重きを置くべきではなく、グループと事象に貢献すべく作られるべきである。さらに、日本的な達成の考え方には、その積極性と世界を変革するような行動指向性に関して、そして事象への打ち込みに関して、また達成的行為における自己克服に関して、西洋的ヨーロッパ的で個人主義的な達成の活動性と非常に多くの類似点がある。要するに、グループの理解と共同という点にあらわれている。ヨーロッパの人々はチームワークについて日本人からより多くのことを学ぶことができるだろう。したがって、日本とヨーロッパ両方の観点から、個人的行為、個人的達成、グループの達成に関する論考をさらに進めることが有効である。そしてさらに、このような方法での考察は、スポーツに関しても同様に意義あるものとなるであろう。

カールスルーエ大学名誉教授
ハンス・レンク

# 目次

## 5　禅と自己……86



## 6　第八の学芸……100

# 1 儀礼、エトス、神話

## (1) スポーツを理解するための手がかり

スポーツは大衆的な現象である。そして、スリルに富んだスペクタクルとして多くの人を魅了するが、芸術、文学、哲学ばかりか科学においてさえ、分けても行動科学や文化科学の領域では、日の当たらぬもののように扱われている。哲学者マックス・シェーラーは一九二七年に次のように述べている。「スポーツは規模の面では無限の広がりをみせ、社会的にも高い評価を得ている。現代社会において地球規模で共有される現象の中でも、スポーツほど社会学的探求や心理学的探求の対象としてふさわしいものはない。しかしこの並びない現象は、われわれがそれを明らかにするための努力を惜しんだために、十分に解明されているとはいい難い」。現在も事情は同じようだ。

スポーツやスポーツの競争は近来まれにみる魅力的な現象であるにも関わらず、綿密な哲学的解釈を受けたことがない。それが今まで受けてきた解釈は、スポーツ選手の動機や体験を対象にした非常に個人的なものか、実際に活躍しているトップクラスのスポーツ選手だけを取り上げた社会的な解釈で、非常に一面的である。スポーツなど単なる自由意志による遊戯にすぎず、単に健康を維持するための手段にすぎないと思われているかも知れないが、実はそうではない。それが人格形成や教育に影響を及ぼすことは確かである。しかし、社会教育や道徳教育の手段として、また社会的欲求を充足するための道具として、スポーツは教育的だと思われていないのである。それは独立した現象としても、或いは工業の発展、豊かな生活の追求、生活水準の向上に優先する現象としても考えられていない。社会学的な解釈も個人主義的な解釈と同じように一面的なもので不十分なものである。それらはスポーツやスポーツ選手を、身体的な能力や活発な自己経験の機会を通じて自己実現や卓越の理想を具現するものとしか捉えていない。

スポーツを純粋な遊戯だとする解釈は、運動の美や均整の取れた身体の美にしか関心を示さなかったスポーツの美学的解釈がそうであるように、スポーツを現実の世界から理念的な領域へ隔離することになる。だがスポーツの競争は現実の世界で起こる。たしかに競争には、独自のルールが存在し、かなり象徴的な自立性を認めることもできるが、競争を社会の発展や文化の発展から切り離してはいけないだろう。

スポーツは「目的に縛られることのない行為であり、仕事とはちがって、それ自らのための営み」であると言われる。果たしてそうなのだろうか。それは競争的なルールを持つように制度化された遊戯なのか。スポーツを遊戯の一種として捉えることはできるのか。スポーツは美的欲求を充足する行為なのだろうか。要するにスポーツは芸術なのか。余剰エネルギーを発散することがスポーツの特徴なのだろうか。それともスポーツとは、単に身体を動かすこと、動きを楽しむこと、運動の欲求を満たすことなのだろうか。スポーツとは、文明化した社会ではもはや不要となった人類固有の緊急時の機能を発揮することなのだろうか。スポーツによって、身体的完全性、自己実現、卓越性――人間に可能な能力を十全に発揮した象徴的存在――が表現されるのか。実存主義的な解釈が唱えるように、スポーツは個々の存在に対して、真の実存体験をする手段を提供し、生本来の本質的な実りをもたらし、きわめて重要な能動性、現実性、信憑性を与えるのだろうか?

スポーツはわれわれの社交的欲求を充足するのだろうか。つまりスポーツはその社会的機能によって優先的に説明されるのだろうか。スポーツは社会的方法や道徳的方法で社会の規範を身に付けるための手段なのか。それは、集団行動、社会的適応、忠誠心、規律、自己謙遜、自己犠牲、自己規制、集団的な意志決定能力を鍛えるのに適しているのだろうか。フェアプレーの精神や競技規則の遵守は重要なことなのか。あらゆる社会階層の人がスポーツを民主的に行うのは、スポーツが幅広い階層の人々に魅力的な印象を与えているからだろうか。スポーツはわれわれが社会的に自立するための手段なのだろうか。

本来スポーツは人間を解放するために行われたのだろうか。歴史的に見れば生存に必要な基本的身体運動からスポーツは生まれた。そういう身体運動は文明・経済・技術が発展する過程で不要になった。マルクス主義の歴史家が言うように、それがより高い水準において社会的に独立し、社会的課題や政治的課題を充足すべく発展したものがスポーツなのだろうか。マルクス主義者が言うように、スポーツは、国内外における階級闘争の手段なのだろうか。それは、一部の新マルクス主義者が主張するような、政治的な使命を担った活動家やその支持者から、大衆の関心をそらす興奮剤や鎮静剤のようなものだろうか。

スポーツの精神分析的な解釈は有効だろうか。スポーツは母親をめぐる父と息子の葛藤を象徴的に再現するのだろうか。そう解釈していいのだろうか。スポーツは、本能的な衝動を儀礼的に満たし、集団で爆発させる行為なのだろうか。観客席で共にスポーツを体験する観衆は、スポーツの英雄や敗者に感情移入することによって、グラウンドで繰り広げられている自己陶酔的行為、加虐的行為、自虐的行為の原型を楽しむことができるのだろうか。日常生活で断念した個人的な関係や行動の仕方をスポーツによって手近に代償することができるのだろうか。すなわちスポーツは、精神的な問題を解決するための代償現象として存在するのだろうか。精神分析的な考え方をする新マルクス主義派の社会批評家たちが言ったように、自分とスポーツの英雄との集合的な同一視により生み出された素朴な大衆行動によって、日常生活における失望感が緩和されるのだろうか。

スポーツは競争社会の理想的なモデルとして、いわゆる達成社会の原則、すなわち達成の原則、競争の原則、機会均等性を、象徴的な形で実現するのだろうか。スポーツは競争社会の理想的なモデルなのだろうか。スポーツ――それは、日常の存在を確保するためには不必要だが、本質的に人間を、第一に文化的・解釈的・象徴的立場の存在、すなわち達成という象徴的行為によって日常の必要性を超越する存在にさせるような、文化的価値の高い、理想的な達成なのだろうか。高い能力を必要とする競技スポーツの選手は――それはあたかも芸術家のように――例外的な達成をしたり、何らかの課題を成し遂げたり、われわれには達成できない目標に献身的に打ち込むことによって、本質的には不必要だが、象徴的には価値の高い、「卓越した」行為をする。彼らはそういう夢のような象徴なのだろうか。

筋力、敏捷性、巧緻性、ボディーコントロール、フィットネス、精神的抵抗力、身体的抵抗力、持久力――これらは、座業の多い現代人にとっても重要な能力であり、トレーニングによって身に付けたり、発達させたりすることのできる能力なのだろうか。目下のところ、個々人がそれぞれの目標に応じてそれらを行っている。平凡な日常に対する補償、美的経験、運動感覚的な（筋肉で感じ取る）経験、社交的動機、エネルギーの発散、遊戯の状況と個人の可能性、運動する喜びと運動衝動、信望を得たいという気持と自己確認の手段――この種の目標や動機はすべてスポーツ特有のものなのだろうか。

スポーツにおける挑戦的で特徴的なことは課題が人工的であること――特定の規則によって定められた障害を克服すること――である。そこでは勝敗や成績を正確に判定すべく、厳密な基準が適用される。認められているのは限られた手段だけである。対決、勝敗をめぐる競い合い、達成、自己自身や他者からの達成への期待に直面して、自分に能力があることを実証しようという欲求と結びついた時に、こうした特徴は「自然に基づく」手段により自然を意思支配するという夢をよく示すのであろう。この場合の自然は生物学的な意味も含んでいる。自然を制圧するためには、天賦の才能と認められた行為に頼らざるを得ない。スポーツの行為と達成は組織的に準備され、目標に向かって理性的に統制されている。自然力を制圧したいという「権力的な動機」はスポーツのパートナーとの闘争へと移行し、さらにパートナーに対する役割関係へと象徴的に移行する。すなわち、管理された状況において力を比較し、相手を征服することに移行されるのである。しかし役割関係は一方のパートナーから別のパートナーへの支配的な従属関係を持たない。卓越、これまでのことを凌駕すること、制御された危険、文化的な冒険、そのそれぞれへの関心が、スポーツや技術の上達の特徴を示す。スポーツをそれに似かよった技術よりも際立たせているのは、身体的に決着をつけることと、本来ならば無駄な目標への限定、すなわち――技術的に言えば――自発的に制限を加えた目標達成手段と競い合いにおける役割の躍動的で、劇的な対立への限定である。

高い能力を必要とする競技スポーツの選手は、人間の行う達成という行為の限界を理想的な方法で越えようとする。従って、スポーツの記録は極度の負荷の下で、人間の本質的な行為能力の新しい可能性を実現し解明する。記録は人間に可能な自己克服を明示し、その外見上の限界を常に先へ伸ばす。今日では、スポーツにおける高度な達成だけが、過去の世紀の発見や冒険に比較し得る行為であり、人間を家畜化し、極度に均一化され文明化された存在形式の中で、唯一人間が到達できる冒険の代償であるのだろうか。

或いは、われわれは、スポーツを代償現象や適応現象として、何か（例えば、運動欲求、達成欲求、保養になる自由な遊びの行為、或いは自己確認など）を断念することに対する理想的な補償として、理解できるのか。スポーツは労働の世界と重複するのだろうか。それは「既に労働の合理化の領域」になってしまったのか（例えば、ユルゲン・ハバーマス）。スポーツは、個人を「大衆のコマ」すなわち高度達成マシーンとみなして機械化し、労働へ「適応」させる合理化の進んだ効率主義と、市場に好都合な興業消費によって特徴づけられるのだろうか（例えば、テオドル・アドルノ）。スポーツから運動と身体の技術に基づいた機能化、心身の自己理解が開けるのか。スポーツは個人を「機械の一部」に作り変え、全体主義文化における「大衆人」を作りだすのだろうか（例えば、エルール）。

スポーツでは攻撃性に類する欲求が発せられるのだろうか。コンラート・ローレンツが言うように、スポーツは「闘争が儀式化され特殊な形式に発達したもの」で、「爆発する攻撃性のためにすぐれた安全弁」を提供するばかりでなく、「攻撃性が社会集団に損害を与える」のを食い止めると同時に、「本能的闘争反応」を「責任をもって制御する」（強度に攻撃性をかきたてる刺激を受けながらもフェアネスを守る）ことによって、「攻撃の種維持作用」を持ち続けるのだろうか。スポーツは本質的に集団内部での順位をめぐる儀礼化された象徴的闘争であり「戦争勃発の機会を減らす」ことができるのだろうか。そのうえスポーツはアメリカンフットボールのような、あるテリトリーの象徴的な征服に対するゲリラ戦なのか。スポーツは「本質的に狩猟行動が形を変えたもの」なのだろうか（例えば、デズモンド・モリス）。

スポーツは気尽な文化的な虚構として生まれたにすぎないのだろうか。しかし、その虚構性は魅力的な力によって、殆どすべての社会的領域において、転移や同一視へ、まさしくスポーツ的な期待へ必然的に、そして達成の要求へと導く。或いはスポーツは、社会的エリート、芸術や科学或いは他の「高度な」文化的領域の関係者よりも価値の低い人々に対して休養を取らせる単なる港なのか。スポーツは、「ロマン主義の合理化」「古代的、神話的権限と近代的理性的規定の混合物」なのか（例えば、アレン・グートマン）。スポーツは、若さの崇拝、いわば自然宗教（例えば、マイケル・ノバック）或いは現代的な宗教的代用物なのか。さらに、ピエール・ド・クーベルタンやアベリー・ブランデージのような国際オリンピック委員会の委員長たちは、このことをきっぱりと主張した。

以上に述べた特徴は全て、スポーツを際立たせるための、或いは説明するためのものである。この質問リスト（システマティックではないが）が示すように、スポーツの特徴は極めて多様である。以下ではこのうち、より特徴的なものについて詳細かつシステマティックに論じられるだろう。しかしまず、スポーツが他の領域や特徴に還元できないきわめて無類の現象として存在しているのかどうかが、まず問われるべきである。

スポーツは――遊戯のように――現実の世界の外に独自の規則を持った世界を築くのだろうか。それとも現実の世界から象徴的に切り離されるのか。スポーツは独自の規則、シンボル、儀式、神話が現実の世界に作り上げた固有の象徴的記号世界なのか。

## ⑵ 競技者の叙事詩と神話

ロラン・バルトの著作にツール・ド・フランスを題材にした叙事詩（『叙事詩としてのツール・ド・フランス』）がある。この叙事詩は神話的ドラマとして把握することができる。それはギリシャ悲劇に似ている。そこに登場する自転車選手は叙事詩に必要な特徴を備えた英雄として描かれている。作品のモチーフは簡素化された実在の選手の葛藤である。ドラマの結末は定かではない。超人たちが「真にホメロス風の土地」で家臣の援助を受けながら競争を繰り広げる。自転車選手は自然の力の分身となり、山、暑さ、風、雨といった自然と戦いながら互いに競争する。自然は偽人化され、競争相手の一人となる。この英雄叙事詩の中では全てが劇的に簡素化されている。そこにあるのは、先導すること、追跡すること、逃げ切ること、離されること、棄権することだけである。

バルトの説明は、スポーツの出来事が観衆によってどのように把握され、観察され、理解されるのか、それを言い表わしているにすぎない。神話は第一に読み取らなければならないメッセージである。バルトにとってはスポーツだけでなく、書かれた文章、また写真、映画、ルポルタージュ、興行物、これらすべてが「神話のことばの媒体」となり得る。神話は「意味論的体系でしかないのに、事実の体系として読まれてしまう」。これはむしろイデオロギーの問題のようだ。神話は原則や道理にかなった根拠を完全には説明しない。しかしそれは文化的な伝統の中で生じた評価の象徴となり得る。この象徴化は模範的かつ典型的状況で起こり、漠然と起こっている現象の意味を理解しやすい形式をあてはめることで解明し、確定しながら、ドラマティックな表現によって明らかにされる。神話は、感覚的に受け入れやすい形態やドラマティックな形態の手本や象徴として役立つ。神話は、単に記述された命題としてではなく、むしろ模範的な行為の典型として意味を作りだして伝える。それは神話自体を日常の連関から際立たせる。

フランスの社会学者マニャンは、スポーツが現代の「神話」であることを、次のように詳細に説明している。スポーツは、観衆に「世界を説明」するために、スポーツ特有のシステムを提供する——それは、宿命的に不利な立場や日常生活で断念したことを補うための文化的代償であり、見通しのきかないようになりつつある個人の影響を受けにくい環境の中で、意識や理解できる価値を正当化するための文化的代償である——と彼は言う。この文化的代償は、観客に、ドラマティックで、とても分かりやすい、明らかにダイナミックな出来事によって同一視することと、自身を他に向けることを許す。そのようにスポーツの神話は、現代の不快感から人間の解放と軽減をもたらすことができる術を可能にし、フラストレーションとすぐにやってくる事に対する方向づけされた課題をみたす。スポーツの対象を下流の社会階層や文化的に疎外された層へ制限することは確かに間違っている。というのは、特にまた、中間層の担い手たちもまたスポーツに参加し、競技者と自己を同一視するからである。全く同じようにスポーツの神話を世界の説明へ制限することも無理がある。意味の構築、模範作用、方向づけはそのように理論的に作用しない。神話は意味を作りだし、安定させる。それはある観察された世界を説明しない。神話は、むしろ世界の説明として、行為を導く事と正当化する事を扱う。また観客の役割を神話に結び付けて解釈することは一方的で不完全である。これらの手がかりはスポーツをあまりにも理論的に見すぎている。しかしそれは科学的理論と同じで何も説明しない。神話的な手がかりは、また、観客にとってのスポーツ的演劇の魅力しか含まない。そしてどのようにしてスポーツ的出来事が理解されるか、そして代理的に追体験されるかしか解釈しない。それは注意されない本来のもの、すなわちスポーツマンの行為自体とその見通しを無視している。

この解釈は狭量だが理にかなっているようだ。特に競技スポーツにおいては神話的興行と神話的効果が認められる。それらは行為や同一視にとってある理想の明らかな身体化における意味を作りだし媒介する。意味は行為的意図の中に生じ、形象的な目標の表象、或いは特例における飾られた表象によって、――それによって人がある事を感じる事ができる代理の経験豊かな行為として――媒介される。

観衆からみたスポーツは現代の神話である。このバルトとマニャンの解釈は、後述するスポーツの解釈、すなわち観衆からみたスポーツは芸術であるという解釈に似ているが、スポーツ選手からみた場合にも当てはめることができ、その時初めてある種の完全性を得るだろう。スポーツの行為は観衆に意義を付与するだけではない。それはスポーツ選手にとって神話的理想を象徴する行為でもある。競技者はスポーツの領域において、理想に向けての絶え間ない修正と接近において、完全性への努力と達成への努力を自己の中に体現する。

スポーツ選手からみたスポーツの競争は普通の日常的な行為ではない。彼らにとってスポーツの競争は何らかの役割を演じる行為である。最も簡単に集中するというよりも、それは明確な切迫感のある、理解し難いほど大きな意味を与える、きわめて重大な著しいものであることが明らかになる。これはスポーツ選手の自己理解にも当てはまる。例えば、ボクシングやレスリングは対人競技の原型である。登山やサーフィンは自然の力を克服する競争として比喩的に捉えられる。象徴化や「神話的」な機能はスポーツではダイナミックでドラマティックな形で現れる。スポーツにおける相手や自然との競争、或いは容易に克服できない限界を超えようとする競争において、ドラマティックな出来事が起こる。その出来事の中で演じられる役割は最も単純な対立の形―私か彼かの決定、私たちか誰か、勝利か敗北か、やり通すかあきらめるかに徹底して戻される。いわば運命的に行われた行為と決定の修正不可能な事は、優れた競争、さらに一回性の目印、反復不可能性を与える。また、これは「神話的」意味の重大さを強める。

この「神話的な」考え方は文化的な影響や歴史的な影響を受けている。スポーツにおける象徴化はスポーツ特有の典型的状況において劇的な表象を介して詳らかになる。スポーツは人類の夢を神話的に実現するのだろうか。走高跳の選手として二度のオリンピックで優勝したウルリケ・マイファルトは「鳥人」という神話的表象に関連づけて次のように言った。

「走高跳の優雅さは非常に軽い骨格と筋肉を持った鳥人によって左右されます」。

観衆は優雅な跳躍に何を見いだすのかと聞かれて、彼女は次のように答えた。

「おそらく夢でしょう。彼らは軽やかさによって、すなわち走高跳の身体喪失性や無重力性によって実現された夢を見ているのでしょう。人が何の助けもなく、自分自身の身体的力によって、自分の身体を持ち上げることができるのです。魅力的でしょう。既に太古から全ての人間が到達したがっていたのですから」。

神話的表象は決して過去の遺物ではない。それは世俗的形態で生き続けており、密かに影響を与えている。このように走高跳において実現不可能なことを目指すことが「神話的」な人類の夢であるのと同様に、短距離走における速さの魅力もまた、いわば自己活動的人間の基本的状況に関する神話的色彩のついた源表象によらなければ、また系統発生史的に刻印されている逃避経験によらなければ、また空間的距離の克服の衝動によらなければ、充分合理的に説明され得ない。

スポーツ的行為は、ドラマティックな形態で、一般の人間の基本的状況と目標に向って成し遂げる人間によるこの活発な克服を反映している。競技者はいわば神話に登場するヘラクレスのような人物を体現している。半神半人——半人半獣、すなわちヘラクレス（ライオンを制圧する力を持った）——は高い能力を必要とする競技スポーツ選手の神話的シンボル形態であり、競技者たちの英雄である。伝説によれば彼は古代オリンピック大会の創始者だとも言われている。

古代オリンピックは、伝説に包まれたペロプス王をたたえる宗教的な葬いの儀式に由来する。ゼウスへの生贄に由来するという説もある。それはオリンピックの神話的起源である。ヤコブ・ブルクハルトによると、古代オリンピアのスタディオン走は「血から浄化した火への移行、死の遭遇から生き延びる事の充実感への移行である。それは、勝者の力において自身を明示する」という。原始的な生贄は儀礼的な祭りに一般化される。もはや実際の生贄は存在しない。ベルリンのスポーツ哲学者グンター・ゲバウアーは、神話学者ルネ・ジラールの研究成果をスポーツの競争に一般的に転用する。ゲバウアーによると、スポーツの祭典は、かつての共同体を脅かす危険、「社会のカオス」と、その解決策を象徴的に反映しているという。われわれは儀礼的な再演の中に原初的な暴力の爆発とその制御にまつわる記憶を呼び起こす。つまり競技は混乱を儀礼的に取り除く役割を果たし、「危機を克服する儀礼的な演技がもたらす社会の秩序」を裏書きするかもしれない。しかし、本来の危機がなければ、私がすでに強調したように、世間一般の人間が置かれている根源的状況——例えば、自然、動物、競争相手との対決によって生じる危険——が儀礼的な形で想起され得る。競技者は英雄として崇拝されるか忌避される。たしかに宗教的な意味は欠けているが、明らかに競技の中には神話で示される対決の再演を読み取ることができる。スポーツは果して神話的ドラマなのだろうか。

## ⑶ スポーツにおける「神話」と「ドラマ」

現代のスポーツは古代の演劇に似ている。そこでは何らかの役割ドラマが繰り広げられる。アリストテレスが演劇について述べたようなことも起こる。スポーツに共感し歓声を上げる観衆は悩みから解放されるようだ。相互に敵対関係にある役割によって「根源的闘争」が限られた範囲で披露される。アリストテレスが述べたことだけではない。スポーツでは次のようなことも起こる。スポーツには観衆の悩みや彼らの日常生活における競争が鋭く反映される。それが観衆を魅了する。だから観衆は自らの望みを英雄やチームに託すことができる。そのようにして、自分と英雄との同一視が起こる。対立、力動性、単純さが、スポーツの競争を極めて分かりやすく魅力的なものにしている。これらはドラマの特徴なのだろうか。

しかし競争は現実の世界で起こる。それは現実の出来事を再現しない。競争は紛れもない事実である。逆にドラマで演じられる出来事は日常の人間関係や葛藤を明らかにする。競争では実際に葛藤が起こる。葛藤の担い手が役割を満たす。担い手は自分自身を役割と同一視する。スポーツにおける葛藤は――登山など危険なスポーツは別として――生死に関わるものではない。競争は所詮無害なレベルの葛藤を投影するが、従って実際に葛藤を細部まで演じることができる。そして葛藤は、一般的な構造を――例えば対戦相手や人為的障害或いは自然的障害との闘争における一人のスポーツ選手を示すような構造を――映し出す。何らの単独の状況も再び与えることはできないが、様式化された単純化における一般的人間の基本状況が具体化する。スポーツにおける競争は現実を別の形で再現するのではなく、競争相手との特別な緊張を通して目標や理念を実現するための戦いを通して、人間による有限の戦いに見られる制約や人間の普遍的な傾向を形にしたものである。空間的限界や時間的限界を克服すること、一見不可能なことを実現すること、敵を打ち負かすこと、多くの場合、それが理想である。他のスポーツ種目では、打ち破るべき敵対者として自然が設定されたりする。

観衆の視点からスポーツを見るとドラマとの類似性は理解しやすい。ただしスポーツの観衆が目撃する出来事は歴史的に二度と起こらない。逆に演劇は出来事を再現することができる。すなわち「演じて」いるのである。実践者の視点からスポーツを見た場合の演劇との類似性は、心理学的な側面にある。スポーツの実践者は俳優のように役割を演じている。彼が可能なかぎりよく満たさなければならない役割を演じる。スポーツの実践者にはスタートの熱狂が与えられ、役者にはランプの熱狂が与えられている。なぜなら両者は批判的な外的評価の影響下にさらされているからだ。

哲学的に見ると競争は演劇のように普遍的なものを伝えている。演劇はある出来事を再び与える。その出来事は何らかの予言性を持ち、個人の状況や出来事に関する何かを示す。この一般性はまた何か「神話的」であるし、人間の基本状況を再反映するが、それは表現媒体を通したうえでのことである。

一方競争においては、ある複写において何ら予言はない。どんな示されたメディアも基本理念と現実性の間にはない。競争は複写ではないが、競争している人にとってのいわば「神話的」根源状況とその制約及び限界を直接的に現実化したものである。それは本当の決定であり、競争という形で現実に行為される。勝利と敗北はそこで本当に生じる。競争はそのかぎりにおいてドラマよりも「ドラマティック」である。ドラマと競争を関連づけるのは神話の重要性である。それはしかし大変違った方法で起こる。ドラマは神話を説明する。競争は典型的な個々の事例を通してそれを「実現する」(簡素化する)。ドラマは予言を再生産する。競争は同様に「神話的」出来事を実現する。

## (4) 純粋な達成モデルとしてのスポーツ

西洋の個人主義、人格の自己確認と自己表出に関する達成努力の育成などは、特にスポーツにも明確に現れている。スポーツの達成は他人の達成と取り違えようのない行為である。それは個人的な行為である。個人がスポーツに真剣に打ち込んだ結果、成し遂げられるものである。個人的な行為を象徴的に評価したものがスポーツの達成なのである。実際に達成原理をはじめとして確固たる達成比較の、競争、機会均等などの(行為の尺度で計られる機会の配分)諸原理は、今日まだ、スポーツの競争において最も崇高なものとして並び称されている。スポーツの達成原則は抽象的な概念である。それは達成をめぐる競争を理想的な仕方で純粋に示すことができる。同じようなことは生活の領域では不可能であり、ましてや労働の世界では見出せない。

スポーツの現実性は確かに理想と一致する場合もあるが、スポーツにおける達成の正当性は、全種目にわたって等しく妥当するわけではない。スポーツ種目間の比較は、競技の伝統、公的な優遇或いは冷遇、ドラマ性の有無或いは運動の美的相違、センセーションの内包、或いはテレビの影響などによってゆがめられる。やはり「神話的な事柄」が働いているのだ。オリンピック一〇〇メートル走の金メダリストの成績は、自転車ロードレースの優勝者の成績よりも高く評価される。彼らは天賦の才能をわずか一〇秒で使い切る。自転車選手は長年にわたるトレーニングによって自己を高めたうえに五時間にもわたる激しい持久戦を戦っているのにもかかわらずである。マラソン競技は、持久的な種目として、ある固有の「神話的な」解釈を獲得しているといえる。多分、オリンピック女子マラソンの初代優勝者ジョン・ベノイトのリラックスしたレースが、女性のマラソンイメージの構築にとって寄与したのだろう。

スポーツは、人間の個人的な達成行為の中でも模範的なものの一つだとみなされる（その詳細は拙著 *Eigenleistung* を参照されたい）。スポーツにおける達成の事例は他の生活領域にとって教育的な発生の援助をなし得る。まさに民主的な社会は個人の動機づけと達成準備に支えられ、そして教育制度を通してそれらを促進しなければならないと言えるのである。このことは、人々を数値目標に駆り立て、強制的達成テストを導入することを意味するのではなく、自ら動機づけを行い、物事に向き合い、他者と協力するような達成支援を意味しており、理性的な基準に基づいている。スポーツの達成からある偶像モデルを作ることは、とりわけ、何が達成かという基準の欠如とステレオタイプの評価に向かわせている。

達成が全てではないし、達成の向上はそれ自体、内容的に洗練された社会的に有意義な目標設定なしには、一般的な行為のプログラムとして推薦されない。しかし、様々な達成の努力なしに、すなわち傑出した達成に関する希望や達成を改善する希望、創造的な個々の達成に関する希望に向けての努力なしに、文化はあり得ない。個々のスポーツの仕事は、消費受動性と総合的マスメディアの支配に脅された世界の中で、比較的到達しやすく自由意志に基づく自己決定的な精神的行為として、個々の達成とその準備のための教育に対して任務を果たすことにある。ここに、特に青年に対するスポーツの教育的な解釈が由来する。

## (5) スポーツの観衆

スポーツが社会に及ぼす影響は集団や大勢の人々——大事な試合を見るために競技場に足を運んだファン——の行動に顕著に現れる。群衆行動を社会科学的に研究する人にとって、スポーツはデモに匹敵するほどの格好の研究対象である。スポーツにおける群衆行動、その反響、ダイナミズム、影響力、伝播性、それらに関する社会学的研究は端緒についたばかりである。社会学は投影や同一視に関する深層心理学的とは言わないまでも、社会心理学的な研究成果を必要に応じて活用しなければならない。さらには生物学的な行動研究の成果も考慮しなければならない。若いスポーツファンはどういう態度をとるのか。彼らはどのようにして贔屓チームを激励するのか。いかにしてチームや英雄と自分自身を同一視するのか。彼ら熱狂的なファンは贔屓チームが試合に負けた時、どんな形で相手チームのサポーターと衝突するのか。どうして敵意や緊張が高まるのか。なぜ両チームのサポーターは挑発し刺激し合うのか。彼ら現代の野蛮人はどうしてショーウインドウや列車を破壊するのか――これらについては殆ど解明されていない。

ゲルト・ホルトレーダーは、エリアス・カネッティの『群衆と権力』に関する命題をサッカー場の観衆に適用した。観衆は身体的な繋りが強い。彼らは同一の体験をする。カネッティの言葉を借りれば「閉じた群衆」を形成している。観衆は鬱積した感情を爆発させる。贔屓チームが得点したり試合に勝ったりすると、彼らの感情は爆発する。その感情が頂点に達すると、チームや英雄と自分自身の同一視が起こる。ゴールの叫び、勝利の叫び、乱暴な怒り、失望の悲鳴は感情を爆発させ、鬱積した重圧を撥ねのける。その時、英雄や人気者、国家的アイドル、チームのスター選手と自分自身との完全な同一視が起こる。本当はパートナーであるべき相手チームへの敵意や攻撃的な態度も特徴的である。この敵対関係を築こうとする傾向、人為的に高められたものだが感情的には露骨な敵意を強調しようとする傾向、内的グループと外的グループを敵味方の図式で区分しようとする傾向は、相手チームばかりかその付属物に対して向けられる感情を高めたり、強めたり、しばしば急変させる。ファンの闘争はちょっとした代理戦争となる。相手や自分の刺激、集団的な自己陶酔は、単一的にされ、合併され、先鋭化されてやってくる。そして「群衆につきものの一体感」を強める結果を招く。

人込みの中に紛れ込んでしまえば、思う存分に羽目をはずすことができる。人々は競技場の入口で個性を捨て去る。そして同じ行動をする人込みの中に消えていく。我が身を隠し、刺激し、興奮し、発散する。規制することのできない歓声はカネッティの言葉を借りれば「群衆の声」である。それは自然発生的で、状況に左右され、コントロールできない——ただし、拡声器を通した扇動的な叫びや督励者に同調する場合には操作されていることが多い。

サッカーの試合が終わると、観衆は幾つかのグループに分かれてフーリガンとして徘徊する。彼らは器物を破壊したり、第三者や警官、特に相手チームのファンに対し、攻撃的な行為や脅迫をして一体感を高める。他人と一体化し熱狂的に行動する無秩序な群衆は ——おそらくイデオローグと首謀者を除いては——自らに与えられた課題や役割を仲間と一体となって遂行しようとする。彼らは大抵の場合、共感する周知の仲間同士で集団の核を形成するが、その集団は他の弥次馬や意気投合する者にも開かれており、呼びかけて彼らを仲間に引き入れたりする。スポーツの群衆は冷やかしの群衆でもある。冷やかしは興奮を高めるきっかけになる。

スポーツ群衆は太古の狩猟群衆や戦争群衆に似ている。彼らもまた、獲物や犠牲、贖罪の山羊、報復行為を狙って行動していた。スポーツ群衆におけるスポーツ大衆の崩壊、両者の関係、攻撃と侵略行為のはけ口として彼らが高め合う興奮については、まだ殆ど研究されていない。スポーツファンの攻撃性は、侵略行為や乱闘や破壊などで収拾がつかなくなることもあり、さらに移動のための交通手段の発達によって、ますます広がりを見せている。

## (6) 原攻撃の爆発

攻撃性に関する理論がスポーツを説明するために使われることが良くある。特にコンラート・ローレンツの理論は繰り返し使われる。ローレンツによると、スポーツは「攻撃性が社会集団に損害を与える」のを食い止め、「野蛮的、個人的で、利己的な形をとって爆発する攻撃性のためにすぐれた安全弁」を開くばかりでなく、「もっと高度に分化した集合的で特殊な形の攻撃性までも完全に防止」する。

ところが、ボクシングのような攻撃性の強いスポーツ種目の映像を見た人々の行動に関する研究や、アメリカンフットボールのファンに対する調査によると、スポーツの攻撃シーンを共体験することによって感情の表出やカタルシス、解放感などがもたらされるという理論と矛盾することが明らかになっている。一般的に観衆は、攻撃的なスポーツを経験するほど、緊張が解けるのではなく攻撃的になる。

アメリカの研究者アレン・グートマンは、今までとは違ったカタルシス理論を考え、それをアメリカンフットボールで実証した。熱狂的なファンは週末ごとにフットボールに夢中になる。彼らはフットボールに興ずることによって「息抜きをする」。スポーツが安全弁の役割を果たしている。工業化の進んだ社会で、文化的にも千篇一律で非常に束縛された生活では、強烈な興奮を露にする機会はめったにない。攻撃的なスポーツを代理として経験することは、刺激的な興奮を十分に展開すること、コントロールの利かない行動を起こすこと、意識的に、そして文字通りに「みっともない姿をする」機会を与える。「ファンは自分が父親や社長や市長として失格であるかのような姿を演じながら叫んでいる」。そしてこの姿は受け身的な観衆の役割以上のものである。「アメリカの大学における週末ごとの多様なドラマへの参加は、参加者に通常とは異なるタブーで禁止されたさまざまな行動の形式を許すことだ。社会的に許容された《作戦タイム》が重要なのである。そこではあらかじめ特別の限定された時間が設定されており、日常の真面目な社会におけるゲームルールとタブーが意味を失っている。スポーツの排気弁は、大衆スポーツに捧げられた週末の確固とした枠組みにおいて、攻撃性の爆発を可能にさせる」。

スポーツの大衆行動を理解するうえで、カタストロフィー理論の拡大モデルは有効であるように思われる。フーリガン的な行動を社会的に認める自由空間や攻撃の安全弁の効果を裏付けることに比べて、観衆の攻撃欲求に焦点を当てた自然史的或いは社会的な議論はあまりなされていない。

もちろん、ここでもまた明らかにコンラート・ローレンツによる攻撃性放電としての蒸気ヘッドモデルが、仮に生物学的だけでなく社会学的にも理解されるとしても、重要な役割を担うように思われる。攻撃はまず生物学的な根源的欲求だとされるが、完全に遺伝的で、自然的にあてがわれ、そして文化によって決定されたり習得されたりしないという、この攻撃の停滞の器モデル或いは強迫モデル（攻撃性はある閉じた器の中の流動性或いは強迫のように増し、煮こぼれ、或いは過剰圧力によって拡散され、制限される）は、ローレンツの理論と同じように疑わしい。真実は――そのようにしばしば――両極の中間に横たわっているものだ。攻撃的な行動に対するある種の生物学的な能力は疑いもなく与えられている。しかし、その時々の文化がこの自然的遺伝を過剰に形成し、この発生を助長し或いは抑制する。

スポーツでは攻撃的行為を文化的に比較する研究が十分に行われていない。それは非常に難しい。なぜなら、社会学的、心理学的、生理学的、生物学的、民族学的、そして生態学的な側面が、互いに密接に関連し合っているからである。また前述の社会哲学的、文化哲学的なものの見方が、学際的な状態で関与している。

我々は従って、スポーツにおける大衆現象の社会学による行動研究へと進むことになる。攻撃の弁としての、攻撃的な発作や行動傾向（「欲求」）の爆発としてスポーツを捉えるローレンツの解釈では、発展した工業社会のなかで従順に生きている人々にとっても攻撃性の発散が重要であることを説明しきれないのだ。ローレンツは競争を種の内部淘汰を伴った集団の内部での順位をめぐる闘争として把握しており、社会的な損害を伴わない儀礼化された儀式的闘争として把握している。種を維持する作用は、攻撃の知られた承認、使用、誘導と支配によって保持される。まず最初にこの手掛かりは多くの矛盾を抱えている。しかしまたここでも一方的な一因子理解が問題である。疑いもなく攻撃性はスポーツの行為に対して何らかの決定的で基本的な役割を果たすが、しかしまた他の決定的な要素もある。スポーツを単に攻撃性を解放する安全弁として考えたり、現代的な戦争代理にすぎないと考えること——これはそれほど簡単に正当化されない。競技者はスポーツやスポーツの試合において、そもそも試合が行われ保持されるために、つまりそのパートナーの役割を最初から共に実現しなければならず、ある特別の意味においてはむしろ共に働かねばならない。彼らは、共通の規則に従わなければならず、協力し合わなければならないのである。

スポーツにおける暴力の問題について考えてみよう。普通スポーツでは実際に暴力を伴った対決は起こらない。暴力的作用を直接身体に及ぼすこともない。それは直接身体を交えた対決でもなければ威嚇でもない。例えば兵器を用いた対決でもない。非闘争的スポーツでは暴力は行使されない。しかし、かつて暴力的対決との関連で生じたと思われる神話的な原初的状況が、特定の規則の下で反映される。人はその中に対決という神話の再現を同様に見ることができる。原初的な暴力の対決を抽象化することで、競争相手を象徴的に凌駕することが語られているのであろう。本当の対人競技種目においてのみ、相手に打ち勝つには物理的力の行使が不可欠だという理由で、力の行使が許される場合がある。これはルールによって制限されている。特定の殴打や掴むことは失格になる。掴みや殴打や純粋な身体的闘争手段が可能な限り許され、相手の闘争能力が失われるまで戦われたギリシャ時代の闘争（パンクラチオーン）のような手段は許されない。興味ある例は今日の形式化されたフェンシングである——それは武器を使用した原形的な物理的暴力の行使が完全に象徴的なレベルにまで転移されたスポーツである。物理的暴力の行使は、「無害で」電気的な、突き刺しの合図に取って代られている。競争者は突かれる。場合によっては壊れた剣が死に至るような事態を作り出すかもしれない。スポーツの理念は、疑いもなく、暴力の行使を安全にした対決に置き換えることにある。そこでは場合によっては、敵を打ち負かす代りに、有効打を象徴的にカウントするのである。

一般に、スポーツにおいては、競争者が相手と互いに暴力を交わすことはないが、ある象徴的な勝利や敗北がある。一般に、スポーツにおける暴力の行使は、常にルール違反ないし不法行為とみなされる。このことはスポーツと戦争を比較した際の結論として導かれる。

## (7) スポーツの競争は戦争の代替物なのだろうか

戦争とスポーツのゲームは実際的にも理論的にも違う。たしかにスポーツの試合は戦争や軍事演習に似ている。それはスポーツ独自の戦略を駆使して行われる。特にチームスポーツの試合展開は戦争と似ている。しかしスポーツで発揮される攻撃は、互いに同じルールを受け入れた者だけに向けられるもので、しかも害のないように統制されている。形而上学者ポール・ワイスの言葉を借りれば、スポーツは「建設的な活動であり、その中で攻撃は、献身、協力、抑制、自己否定、および他者の権利と尊厳の尊重などと共に、一つの役割を演じている」。戦争の場合は違う。スポーツのゲームと戦争は区別される。なぜなら両者のルールは似ているが別の基準によって成立しているからだ。また、空間的条件や時間的条件、構造的関係、制約、戦略的目標、条件、判断、権利と義務、機会の平等、社会的そして物質的コスト、実行の開始、経過、それらは著しく異なる。勝利と敗北もスポーツと戦争では異なった方法で判定され、評価され、記録される。つまりそれは、スポーツでは審判の判定によって決まるが、戦争では相手を征服し服従させる行為によって決まる。スポーツではパートナーとして互いに相手に頼らざるを得ない状況で、敵と味方に分かれながらも、共通の競技規則に則って戦った勝者と敗者の双方に受け入れられる結果が裁定される。敗者も経験と自己評価と達成を勝ち取る。敗者は勝者と対戦したことによって成長することができる。敗者は自尊心を失うこともない。彼らが最善を尽くしたか、その達成を望ましいものにしたか、自己を超越したか、精一杯努力したか、敗北の結果そういうことが分かる。スポーツにおける敗北は零落ではない。敗者が損害を被ったり辱めを受け続けたりすることもない。スポーツが戦争、戦争の代理、戦争の準備或いは戦争一般に類似するようになると、そこでは仲間意識を伴った競争としてのスポーツがまさに放棄され失われてしまう。理想では（絶えずそのように現実においてはならないが）スポーツの競争は生存（生き残り）のための競争ではないし、戦争ではない。私は一九七〇年代の『ジャパンタイムズ』に掲載された「オリンピック大会は戦争よりも経済的である。しかも戦争と同じ役割を果たす」という記事に賛同することができない。『ニューズウイーク』にはモスクワオリンピックのボイコットは本当に「戦争と道徳的に等価である」という記事が掲載された。これと正反対の論調の記事が、ロサンゼルスオリンピックがボイコットされたときには掲載された。ここに紹介した両方の文章は戦争とスポーツのシニカルな類似性に対する不当な誇張を示している。代理戦争或いは戦争の代理としてのスポーツというテーマは、表面的で皮相である。それは冷笑的な態度を示す。たしかにスポーツの試合や達成の競争においては、本能的で生物学的に固定された攻撃的な行動基盤が認められるが、攻撃とその排出は何も説明しない。人類学者シペスは一〇の原初的な文化において攻撃的なスポーツ種目と戦争的な行動の間の中心的な関係を見つけた。「戦争と攻撃スポーツのタイプは、しばしば主張されるように、せき止められた攻撃的な緊張の爆発に対して選択的な経路として作用するのではない。ある社会における戦争的なものと競争スポーツ能力は、機能的にどちらが選択されるというよりも、むしろ文化そのものを形成する要素であるように思える」。

## (8) スポーツは運動への衝動のはけ口なのか

スポーツは何らかの代替物や人為的に考え出された代理課題をもとにして欲求を充足する手段として考えられてきた。その欲求は本能的だが、(獲物を求めてうろつき回るような) 生存に不可欠なものではなく、あらかじめ人工的に設定された課題に基づいている (ヘッグ)。そしてその課題は、いわば文明の力で満たされ、家畜化された人間になお残されている本能を鎮めるための鎮静剤としかいいようがない。それはまるで若い満腹の猫が鼠を食べる必要がなくても鼠と遊び、それを追いかけるようである。しかし、行動心理学者のこの解釈は信頼できるものではあるけれども、いずれにせよ一面しかみていいない。現代スポーツを欲求の充足や攻撃のはけ口として捉える動物行動学的な解釈は、複雑な社会的現象であるスポーツを十分に把握できていない。そのようなはけ口としてのスポーツの機能は、一部は本能的に、一部は社会的な方法で、ある本質的な役割を共に果たす。もしも本能的な要素を部分的説明としてのみ受け取るならば、スポーツ的な行動の衝動的な部分的動因を否定する必要はないし、また行動研究の説明努力を疎かにしたり投げ捨てる必要もない。しかし、次に述べるようなことは明らかである。すなわち、スポーツの解釈を攻撃本能のガス抜きや運動欲求の発散に限定して行うことは、あまりにも単純すぎるし、人を納得させるものではない。

## (9) スポーツは似非狩猟として解釈できるのか

これと同じような単純化がサッカーを題材にして試みられている。モリスはスポーツの起源は狩猟への衝動にあるという。つまり、スポーツは象徴化された狩猟であり、モリスの言葉を借りれば「似非狩猟」である。ボールゲームを「交互的な狩猟である」と考えると、「何かの対象をねらうという人間の衝動」を多くのスポーツ種目で特徴的に見ることが可能になり、狩猟とスポーツの間の構造的な類似性が存在する（例えば「作戦計画、戦略的で技術的な取り決め、プレーにおける巧みさと勇気、そしてもっぱら《真実の一瞬》における頂上体験」とモリスは考える）――スポーツにおいてはしかし、その文明化された生活の中にあってなお感じる狩猟欲求を単にかなえるだけではない。この着眼点がそれでもなおボールゲーム（サッカー、バスケット、ゴルフなど）や射撃のような「的をねらう種類のスポーツ」に当てはまるならば、逆にそれは跳躍競技や持久種目、人工的スポーツ種目、バランスをとる運動においては当てはまらないだろう。スポーツ種目の多くが狩猟のごとき形式ではない。ボクシングやレスリングにおけるいわゆる闘争本能自身でさえ、狩猟欲求とあまり関係がない。スポーツ的な運動の形式は、非常に複雑で各種目間で異なっているがゆえに、神話的或いは生態学的起源に単純化できないのである。どうして狩猟欲求にこだわるのか。モリスはまた別の社会的刺激を考えている。例えばグループの同一化、協力、英雄崇拝、領地の保全、部分的にはスポーツにおける「似非戦争」行動――原初的ではない、或いは少なくとももっぱら狩猟行為の本能的基礎に帰すことができない欲求など。原始人の狩猟にとって、ある「チーム的な」協同作業は必要だったであろう。しかしそれでも、狩猟の共同行為によって社会的欲求の核心部分が解き明かされるわけではない。モリスは、「競争欲求」、競争本能、スポーツにおける競争原理で「すべてを説明すること」に対しては否定的である。しかし、狩猟の動機の伸張はある類似した単純化に陥っている。象徴化された各勝利は狩猟の獲物を象徴的に代理殺害することではない。もしかするとサッカーをはじめとする多くのスポーツ種目が、ある種儀式的な神話の契機をいまだに有しているかもしれない。これらのスポーツ種目を理解する際には、狩猟とのアナロジーが有効である。しかしそれによって、まだ全部のスポーツをある象徴的な狩猟神話で説明することはできない。またしてもここでの解釈は一つの発生命題へと集約され、現象に現れる形式や発生条件の多様性、および欲求を基礎づけている刺激や進化の過程で消え残った行動などがないがしろにされている。再びまた、疑わしい思い付きが無理強いされる。狩猟儀式としての別の形式もある。儀式化された狩猟行動がスポーツになることもあるが、全てのスポーツが象徴的な狩猟ではない。反対に、既にオルテガ・イ・ガセットは狩猟をスポーツとして、世俗化した祭式として、或いは神話的内容と結びついた芸術として、「奔放自在に、スポーツへの純粋の悦びを以てなされる」骨の折れる幸福な仕事として理解した。彼はスポーツと狩猟の本質をそのように定義した。そこでは人間は「己の優越性を束縛して動物のところにまで身を落とす」し、いわば人間の優越性を放棄し、動物に逃げる権利を与えたうえで、スポーツの競争相手に指名するのである。

スポーツ、スポーツとしての狩猟、芸術、文化——それらの間には多くの類似点がある。部分的には同一性がある。それらは全て神話的な根底を持っており、神話とエトスと儀式の間にある。それらは生物学的な生命にとって絶対必要というわけでなく、超越的なるものを志向しているようにも思えるし、人間の探究および文化創造によって自然を超克する生の神秘につながっている。面白いことに、どのみちここでもまた、スポーツの神話的解釈とスポーツの生態学的解釈が合流している。

## ⑽　多面性が魅惑する

行動の研究は、社会的かつ文化的な影響を受けた行為や制度を説明する際に、実り多い刺激に富む仮説を与える。しかしそれは、人間の価値、制度、規範、慣習、文化的世界を全て説明することができない。生物学や生物学的な行動の研究は、欠くことのできない、しばしば不当にほっておかれる単一の要素と、とりわけ刺激的な類似性を生み出す。しかしわれわれは、その理論を過大評価すべきでない。たしかに人間は生物学的な存在であるが、人間の社会的、文化的、精神的表出を説明するためには生物学だけでは不十分である。専門領域を横断するほど広く、高度に複雑な現象を単一の理論によって説明しようとするならば、複雑な現象を極端化し、理論そのものの誤りに陥る。逃亡本能、承認の努力、チームスポーツにおける仲間の承認、目標に向かって達成する存在へと内発的に変わる魅力、自然現象から受ける挑発――これら全ての、そしてさらなる欲求がスポーツで求められる課題克服の基本条件となっている。

それでも大衆社会学と動物行動学によるアプローチが密接に関係していることは明らかである。このことはスポーツの「神話」の素描的な解釈にとっても有効である。神話と動物行動学の視点がどのように結びつくかを簡単に取り上げておきたい。それは、神話の形式に生物学的な根源を与えるのである。このこともまたスポーツにおいては理解されやすい。例えばスポーツは生物学と哲学が結合した興味深い事例と考えられるし、さらには自然と文化の相互作用、欲求の基礎と解釈の相互作用、生物学的基礎刺激と後から獲得された社会的そして文化的様式の相互作用として考えられるのである。

倫理学と神話学、叙事詩とエトス、文化と本能、労働と遊び、ゆとりとまじめ、強制と休養、教育とたわごとの間には、簡単に言えば儀式とエトスと神話の間には、その本質特性や性格がそのままスポーツの特徴として当てはまるものは何もない。個性化の手段に対する群衆の現象、文化的精神的意味と機能に対する身体的生物学的意味と機能、世俗的なものと神聖なもの、田園文芸的なものと理性的なもの、普遍的なものと特殊なものなどの対比が、スポーツにおける遊びと競争を把握するために動員されてきた。多様性は極めて重要である。しかし解釈の多様性は、常にまたさまざまな解釈を示唆するのだろうか。その種の解釈が示すある現象は、本当に特徴的な本質に帰することができない。

人間が多面的であるようにスポーツも多面的である。スポーツの行為を純粋に生物学的な観点から解釈することは、それを文化科学的な観点から解釈する場合と同様に決して十分ではない。生物学的なものは、精神的・文化的なもの、社会的そして制度的な特徴と同じように、そして個人の表象、自己自立、自己発展の可能性と同じように、やはり重要である。スポーツの各解釈は従って、多くの観点を顧慮しなければならない。それは、ある多様な意味をはらむ統一概念に対して、多様なメルクマールをもたらさねばならない。その際に、人間生物学、人間生態学、生理学、解剖学は、心理学、社会学そして他の行動科学や文化科学のように重要である。スポーツ科学は複合領域として、そして自然科学と社会科学と文化科学の結合された統一科学として推進されて初めて、有意義な成果をあげることができるだろう。スポーツ科学があるシステマティックな統合を得ることは難しい。スポーツの多面性はそれに関わる学問領域を反映している。それはその対象物を、今もなお十分に説明できないし、理解できない。スポーツという対象は多くの人々を魅了するし、様々な解釈の探求を招く。おそらく、それはまさにスポーツに内在する自然と文化の両義的構造の為であろう。

## 2 競争―それは「万物の父」なのか

「スポーツは競技場のトラックを周回することを自己目的とする競争である」。生物学者フーベルト・マークルはこのようにスポーツを捉えた。本当に彼の言うとおりなのだろうか。

現代社会のスポーツは多かれ少なかれ競争を伴うスポーツとして捉えることができる。少なくともスポーツは競争を伴う。たしかに競争の理念は古代ギリシャ人の開催した競技会の影響を受けている。競争の動機は古代ギリシャの自由市民の生活に対して、さぞかし決定的な役割を果たしていたに違いない。

古代オリンピアの遺跡を発掘した考古学者エルンスト・クルティウスは、兄に宛てた手紙に、次のように記している。「ギリシャ人の生活は、オリエントの享楽的生活、土地や財産を過大評価する生活とは対照的なもので、何事も荒れ狂う力の競争だったのです。部族や都市国家の競争は、戦時だけでなく平時にも行われ、芸術や学問の分野でも見られたのです」。また歴史学者ヤコブ・ブルクハルトは「競技の時代」に特有の「人間」という人間像を明らかにしている。それは、ドリス人の移動の終了から少なくとも紀元前六世紀の終末に至るまでのギリシャ人にとって、典型的な人間像だった。

「このようにして、英雄神（ヘロス）の王制が終わったあとになると、ギリシャ人の高尚な生活はすべて、外的なものも精神的なものも、競技となった。この競技は、卓越性とその種族の存在を明らかにするものであった。また競技の勝利、すなわち敵意を惹き起こすことのない高貴な勝利は、この時代においては一個人の平和的勝利を表わす古代的な表現であったようにわれわれには思われる」。

競技的な事柄、すなわち競争による成績の競い合いを、ギリシャ人ほど、見事につくりあげ発展させた民族はなかった。

「競技は普遍的な発酵素であって、これは、必要とされる自由があるとなると、たちまちどんな意欲も能力も発酵させてしまう。こうした点では、ギリシャ人は無類の存在である」。

ブルクハルトは「競技の娘としての体育術」について述べている。

「どこにあっても、ごく狭い集まりの中でさえも、競争が生じた。個人の完全な発達はかつて、各人が絶えず互いに力を競い合い、較べ合うことにあった。それも、直接的で実際的な利得を目的としない訓練を通して」。「競技で得た名誉がいちばん大切な、そしてほとんど唯一の名誉であった」ので「記念碑」を建てなければならなかった。それは「これを観る人がこの姿を……優勝者と思うように表わされていなければならなかった。現世での生活、それどころか、優勝したその一刹那さえも暗示的に、不滅なものに」しなければならなかった。「ここに、この地上にそれ以前にもそれ以後にも、ここ以外の他のどこにも現れなかったような人間存在が現れたのであった。すなわちこの場合、一切は競技によって浸透され、支配された……」。

ギリシャ人は功名心を得ようとして「狂気をはらんだ努力」をした。「人生の価値を他人からの評価に求めすぎた」ともいえる。

この不変の競争心は実際にギリシャ古典時代の特色だった。ブルクハルト以降の研究者の中には正真正銘の競争心と規則の定められた競争を区別しない者もいたが、このことは、彼らも含めて全ての研究者によって立証されている。ユートナーは次のように述べている。ギリシャでは規則の定められた競争への志向が蔓延していた。しかし競争心は大方の人が持っていてしかるべきものだった。たしかにブルクハルトのような詳細な研究はできない。従って、激しい競い合い中心の文化――クワキウトル族やニューギニアのムンドグモール族も同じような文化を持っている――は古代ギリシャにしか存在しなかったと断言できない。けれども、古代ギリシャでは競争への志向が中心的存在だったということ、そしてギリシャ文化では規則の定められた闘争競技が他の文化では見られないほど重要な地位を占めていたということ、この二点は疑う余地がないだろう。ただし次のようなことには言及しておく必要がある。ワーフやミードによれば、例えばホピ人やニューギニアの山岳民族に見られるような、非競争的文化も存在する。

ホメロスは、競技の時代よりもかなり前に、すなわちホメロス風の英雄神(ヘロス)時代に、『イリアス』の中で「ペレウスはわが子アキレウスに、常に他の者に優る手柄を樹てよといい……」と書いている。

この引用の後半の部分は別の箇所――父ヒッポロコスが息子グラウコスに「常に衆に抜きんでて最高

の手柄をたてよ」とのくだり――にも見られる。『オデュッセイア』では、オデュッセウスまでが、「何か心得がおありならば、あなたも競技をやってごらんになったら。確かにその心得がおありとお見受けいたします。男子たるものは生きている限り、その足と手とによって挙げる名誉よりも、大きい誉れはないのですから」と言われ、競争に参加することを求められる。身体的な競争に勝って卓越を示すことはやはり重要だったのだ。

一般にギリシャ人は絶えず相競う気持ちを抱いていた。このようにギリシャ人を捉えたフリードリッヒ・ニーチェは、彼らは「嫉妬心が旺盛である。この特性をギリシャ人は欠点とは感じないで、恵み深い神の働きであると感じていた」と述べている。競争、争い、妬み、それらは肯定的に色づけられた倫理的な概念だったという。当然のことながら規則を定めて制限する必要があった。「これに対しもしもわれわれがギリシャ人の生から競争を取り去るならば、われわれはただちに、憎悪と破壊欲の慄然たる野性に満ちたホメロス以前のような奈落を覗き見ることになるだろう」。しかしながらニーチェによれば、ギリシャ人の闘争本能は抑制されていたという。彼は次のように言う。「偉大なギリシャ人は一人ずつ競争の炬火を次の者へと手渡して行く。あらゆる偉大な徳に触れるたびに、そのつど新しい偉大さが燃えさかる」。「これこそがギリシャ人の競争＝観念の核心である。この観念は独裁者を忌み嫌い、その危険を恐れている。それは天才に対する防衛手段として――もう一人の天才を切望するのである」。

ギリシャ人は他の芸術家を「自己との闘争というレベルでのみ」把握し、そのようにしてのみ、自らの力量を最高のものにできたのである。テミストクレスはマラトンの会戦でペルシャ軍に大勝したミルティアデスの月桂冠のことを考えると「夜も眠れなかった」というのは理解できる。

スポーツの競争はそのような競い合いを褒めたたえるもの——競い合いを重視する文化のメッカ——である。従って、ギリシャ人たちの歴史的な範例を抜きにして、現代の競争スポーツを考えることはできないのではないだろうか。

高度な競技スポーツには、競争という思想、すなわち古代ギリシャの競争的原理が、かなり明確にあてはまる。競争や闘争のない競技スポーツは、それ自身の内に矛盾を抱えるだろう。しかしそもそもスポーツに闘争は必要なのだろうか。トーマス・ホッブスは、人間とは徹底的に競い合う存在であると捉えて、人生とは「そもそも戦争である」と述べている。この彼の見解はスポーツにも当てはまるのだろうか。近代オリンピックの父クーベルタンは当てはまると考えていたようだ。彼はまさに闘争の形而上学者だった。クーベルタンが手本にしたのはソクラテス以前の闘争の哲学者で「戦いは万物の父であり、万物の王である」と言ったヘラクレイトスだったようである。すなわちクーベルタンは「人間の社会は競争原理によってつくりあげられる」と記して、闘争がなければ成果は望めないし、向上も文化もないと考えた。これは、「自然を利用する手段とすべての天性の素質を成就させる進化は、これがしかし結局のところ、合法的秩序の原因と同じものとなるかぎりにおいて同じ社会における対立となる」という、イマヌエル・カントの歴史哲学についての観念から引き出されたようである。

クーベルタンは、スポーツを文化的・教育的な目的のもとに、そして生物進化論的パースペクティブのもとに、組織化された能力の競い合いのシステムだと考えている。彼は「生存のための闘争」という言葉だけを「勝利のための人間的で厳格な戦い」という言葉に置き換えるつもりだったようである。なぜなら厳しい生存競争とは違い、スポーツの競い合いにおいては「努力そのものを愛する」がゆえの全き「努力に対する努力」がふさわしいからである。

『より速く、より高く、より強く』というオリンピックの標語が「常に衆に抜きんでて最高の手柄をたてよ」というホメロスの言葉と違う点は何だろうか。それは前者が競い合う相手と無関係だということである。われわれは現在の自分の能力を以前のそれと比較することができる。それは理論的に可能である。たしかに競い合いが達成を高めることは間違いない。おそらく競い合いは高い達成や卓越の前提でもある。しかし理論的には、競い合いをせずに達成を高めることも可能である。競い合いがなくても世界記録が達成されることも稀にある。

スポーツは進歩し記録の更新は必至であるのか。スポーツの本質は記録を作ることなのだろうか。もしそうであるなら、カール・クラウスが独特の皮肉をこめて、「スポーツは進歩の寵児であり、そして自らスポーツの世界を退化させている」と揶揄していることも、あながち誤りとは言えないだろう。

古代ギリシャ人には、競争から記録の向上だけを切り離して注目するという考え方は全くなじまなかったのだろう。彼らにとって、競争せずに成績を上げることなど考えられないことだった。また競争と好成績の間の密接な関係は現代でも見られる。この関係は、循環器に重い負荷のかかるスポーツ種目、すなわち好成績をあげるには、限界に近い緊張に長時間耐えることや自らに勝つことを必要とするスポーツ種目において今も見られる。私はボートを漕ぐ時に、そんな経験を何度もしている。私のボート仲間も同様の経験をしている。すなわち、素晴らしいレースはとても強いと思われる相手と戦わなければできない。独特の緊張状態のもとで、力の均衡した競技者が競争して素晴らしいレースになる。「スタートの熱狂」の高まりも傑出した達成には必要である。クーベルタンは部分的には正しいことを言っている。つまり最高の達成と競い合いは緊密に結び付いている――ただし例外がないわけではない。例えば短距離離走の世界記録は全ての達成条件が常に最適の状態であるなら、世界一の競い合いがなくても作ることができる。

ところが、競い合いには固有の法則が存在するようである。競い合いには特別のタイプのスポーツ選手が向いているようだ。精神面の関与も避けられない。ユルゲン・ヒンクセンとダリー・トンプソンの十種競技の対決はこれを示している。何度も世界記録を更新したドイツ人ヒンクセンは、トンプソンと対決すると勝てなかった。トンプソンは競い合うタイプの選手である。彼は強敵と闘って自己の記録を更新する。一方のヒンクセンが自己の記録を更新するためには、例えば強敵のいない小さなスポーツ大会で、リラックスする必要があった。選手は「競争者」のタイプと「競技者」のタイプに分けられ、競争タイプと達成タイプを区別した形で説明される。前者は最も激しい競い合いによって達成が成し遂げられ、後者はもっぱら記録の樹立を志向する。

オリンピックでは競争が記録にまさる。記録ではなく競い合う術がものをいう。「今しかない」のである。短時間で集中し、思い通りの成果を上げることは精神的に耐え抜くことを意味する。いらいらと過度の緊張で精神的に硬直してはいけない。何年もトレーニングを続けて準備しても、勝利の価値を意識してしまったことで当面の達成能力と身に付けたフォームを麻痺させてしまうなら、一瞬のうちに無に帰することもあり得る。オリンピックに関してブルクハルトとヘラクレイトスの言葉を借りて言うなら、次のように言うことができる。すなわち達成は「競技の娘」であり、競争は「万物の父」である。しかしこれはスポーツと身体運動に対し全てあてはまるわけではないし、われわれが目にするすべての競争の現象に対しおそらく一様ではない。

## (1)　勝利だけが重要なのか

高い能力を必要とする国際的な競技スポーツは、勝利を追及することを中心的な目標に掲げている。アメリカの大学スポーツはその典型である。その勝利至上主義の傾向は有名なコーチの言葉を見れば分かる。フットボールコーチのロンバルディーは、テイタムの文章を引用し、「勝つことがすべてだ。勝者になろうではないか」と言った。ブライアントは「勝利がすべてではないが負けたらおしまいだ。勝者にまさるものはないのだ」と言っている。やはりフットボールのコーチだったアレンは「勝てば生まれ変わるんだ」と言い、ブラウンは「負ければ滅びる」と付け加えた。さらに、バスケットボールコーチのムッセルマンやデュローチャーのように、否定的な内容を強調し、「負けて一生惨めな思いをするくらいなら死んだほうがましだ」とか「お人好しはビリになるぞ」と発言する者までいる。

哲学者ジェームス・キーティングは、勝利至上主義と激励の言葉を打破する唯一の方法は、プレーの仕方（「いかにプレーしたか」ということ）とクーベルタンの言葉を重視することだという。人生において重要なことは勝つことではなく正々堂々と戦うことだという、クーベルタンの言葉が大事であると言う。キーティングは「スポーツ」と「運動競技」の違いを次のように考えた。運動競技は試合における絶対的な卓越と勝利を目指して行われる。それは高い能力を必要とする競技スポーツである。試合とは、「価値あるものを（正当な方法で）他者を排除して手に入れるか、他者よりも多く獲得すること」をいう。運動競技の中心にはそういう競争がある。その「最終的な目的は勝利」である。「スポーツ」は自分の楽しみのために行われるもので、遊戯的な色彩が強い。従って勝利は余り重要ではない。それは勝利や他者を打ち負かすことを目指して行うものではない。「スポーツ」と「運動競技」は違うのだ。両者は非常によく似ているが根本的に違うものである。

問題は、両者がオーバーラップしている現実から、模範的で理想的な区別ができるかどうかである。競争、勝利、比較、市場などに支配されているアメリカの大学スポーツに限って言えば、そのような「スポーツ」と「競技」のオーバーラップに悩まされることはない。というのも、アメリカのカレッジスポーツでは、気晴らしのためのスポーツは明らかに競技としての高度達成スポーツから切り離されているからだ。
アメリカのスポーツ選手は――まさに上述のチームスポーツでは――多くの点でギリシャ人とよく似ている。彼らの唯一の目標は、競技規則を守ることや道徳的に制限することで幾分か抑制されてはいるものの、競争に勝つことである。

## (2) 名誉だけが目的なのか

形而上学者ポール・ワイスは、「競技者は人間の姿をした卓越せる存在である」と述べている。彼はスポーツの選手に支配的な目標を「卓越へのかかわり」――つまり身体的な能力を利用して卓越した存在となること――という言葉で表現した。選手にとってスポーツは「最も約束されている卓越する手段」だという。ワイスがギリシャ的な理念を暗示しているのは明白である。ヘラクレイトス以外にも、「もしある人が最上の人であるなら、私には、一人でも万人にあたる」と言った人がいたとはいえまいか。

スポーツ社会学者ジョン・ロイは、われわれがスポーツにおける卓越した能力を工業社会でも求めようとすることについて、それは「競争的動機の根本的な名残」であると述べている。競技とは、「競争の成績に応じて与えられる栄誉に浴するために際だった業績を求めて努力し闘争すること」である。ロイは、競技をこのように捉えて、「人々は、自尊心、精神性、そして社会的地位を賭けて競争した。彼らは自分の命まで賭けて試合に臨むこともあった」と説明している。ライバルと競争することで人が自らの身体的な優越を顕示できる可能性は、今日では実のところ、スポーツにしか残されていない。際だった達成のために努力すること、そして個人的な名声を得ようと努力すること、そこに人を競争に駆り立てる原因を求めることができると――ギリシャ文化の場合と全く同じように――ロイは考えている。世間的な名声を博することで得られる自己証明をもとにして自尊心を保持し、またそれを強めることは現代スポーツに見られる著しい特徴であろう。それは一流競技者の場合に典型的であり、彼らはスポーツ史に名を残そうとする一種の不死性――グートマンによれば「比類なき現代版の不滅性」――への努力と、「スポーツの英雄となる栄誉に浴すること」への努力によって、自尊心の獲得とその拡張に努める。たしかに優勝することは、スポーツの世界で栄光と不死性を獲得するための必要条件だが十分条件ではない。オリンピック大会の優勝者といえども、繰り返し何度も優勝しなければ伝説の人物にはなれない。スポーツ選手が「ナンバーワン」になりたいという強迫観念に襲われるのは、まさにそのためである。一九五六年にメルボルン大会の女子円盤投げで優勝したオルガ・コノリー（当時の姓はフィコトバ）は、「勝者がオリンピックの表彰台の頂上に立つことは、自らの身体を世界の屋根まで伸ばすことを意味します。それは個人が宇宙と出会う瞬間です。それは金メダリストだけに与えられた瞬間なのです」と述べている。クルツによると、競技者の集団――分けてもスポーツにおける競技者集団――は、名誉を重んじる社会システム、いわば閉鎖的な文化の中で英雄を生みだすシステムを形成している――この点は現代もギリシャ時代も状況は変わらない――という。特に競争相手から賞賛されることによって象徴的な報酬を得ることが、重要な意味を持つ。競技者は面目を保つために達成する――これは科学者や芸術家の場合と同じである。

こうしたことは、いささか大げさな感じを与えるかもしれないが、すべて納得がゆくのではないだろうか。けれども、ここで補足と制限が必要かと思われる。どうして人は、頭から勝つ見込みがない場合でも競争するのだろうか。例えば、オリンピック大会に参加することは、十人のうち九人の選手にとって十分な目標であり、非常に価値の高いことである。決勝に進出したりメダルを獲得することは、普通の選手にとって夢のような出来事である。銅メダルも――それが金メダリストのものに、例えば一〇〇分の一秒差、或いは〇・〇一点差というような僅差で及ばなかった場合はなおさらのこと――際だった達成の証となる。まさにオリンピック大会はマスコミのもてはやす優勝者だけでなく、銀メダリストや銅メダリストにも価値があることを物語っている。つまり世界記録だけが、「ささやかな不滅の証明」だとは限らないのだ。言い換えれば、世界記録はすぐに破られる。オリンピックで優勝したり、メダルを獲得したりすることは、スポーツ選手にとって記録を更新することよりも価値がある。一流選手ならば、オリンピック以外の大会でも記録を更新することができる。しかし、彼らが普通オリンピック大会に出場できるのは、一生のうち一度ないし二度に過ぎない。

勝敗は時によって――特にオリンピックの場合は――運に左右される。スポーツ選手はそれを心得ている。実際にベストを尽くしたのだ。そう自らが判断すれば、世に言うところの敗北を喫しても彼らは満足することができる。ロサンゼルスのオリンピック体操競技の種目別演技と総合演技を思い出してみよう。その時二・五点の差と〇・〇五点の差で決着がついた。「二位になっても仕方がないさ……。世間の人々は優勝した人のことしか覚えていないよ」──多くの一流選手によるこの種の大げさな発言は、世間の評価を表現したものである。しかし、それは代表的な考え方ではない。この外的なパースペクティブは一つの意見に過ぎない。もちろん、それはスポーツ選手にもっぱら押し付けられるものである。全か無かという考え方、「ナンバーワン」になりたいという病的な欲求は、過度の要求と、やりすぎと、スポーツ選手間に敵意のある態度をもたらすことになろう。これは周囲によって何回も優勝候補に挙げられるような人の場合の極端な例ではあるが、結果に対する執着の全てが、選手をして相手に敵意を抱く方向に向かわせるように思われる。

スポーツで成功することが個人の履歴にとって重要だとすれば、一流選手は成果を上げることに心を傾けるだろう。共に戦っている選手はたいていの場合、達成にふさわしい人か、或いは達成に対し公正な人かということをお互いに判断し合う。われわれは外見の結果のみを求めたり煽ったりすべきではなく、もっと本物の達成を適切に評価し説明しなければならない。決勝で二位や三位になった選手も「世界的な」スポーツ選手である。われわれは彼らを正当に評価しなければならない。勝利や名声が全てではない。アメリカの偉大なテニス選手、ビリー・ジーン・キングは次のように述べている。

「それは、完全に静寂な雰囲気の中で起こるとんでもない作用によって、見事なまでに調和することなんです。それが起こった時は、ゲームを中断して、そしてマイクをつかんで、叫びたくなります。《これが重要なんだ》とね。本当にその通りなんですよ。試合が終わると手にする多額の賞金は、それに限らずとにかく何か別のものも、私にとってはどうでもいいことなんです。何か、けがれのない理想的なことを成し遂げたということ、そして本当に幸福な体験をしたということ、それは理屈抜きで重要なことなのです」。

## 3　能力の限界

一九六八年のメキシコ・オリンピックで陸上競技の走り幅跳びに出場したボブ・ビーモンは、八メートル九〇センチという驚異的な記録を出した。そして金メダルを獲得した。彼のもたらした八メートル九〇センチという走幅跳の記録は、陸上競技史上、今後千年間は破られないだろう。当時の新聞はこう報じた。科学者も次のように言った。これは「間違いなくスポーツの達成能力の限界値であろう……」。なぜなら「陸上競技では、従来の最高記録をこれと同様の規模で更新する世界記録はあり得ない」だろうからと。一九八四年のロサンゼルス・オリンピックで活躍した陸上競技の花形選手カール・ルイスは、やがてこの記録を破るかもしれない。スポーツに絶対的な限界は存在するのだろうか。

多くのスポーツ種目で立て続けに記録が更新される。実際にそれを目の当たりにすると、高い能力を必要とする競技スポーツは、第一に記録中毒の蔓延した状態に陥っているのかどうか、次にそもそも記録の更新に終止符を打つことは可能なのかどうか、そして統計的に全体を展望するような概観をして、質と量の観点から多少なりとも将来の記録を予測することができるのかどうか、そういう疑問が生じる。

スポーツの達成能力に関する限界は今まで余り注目されなかった。その限界について議論することはいささか抽象的で難しい。そのうえ限度と限界の違いを議論することさえめったに行われなかった。人間は一〇〇メートルを五・七秒で走ることはできないだろう。そして普通の投げ方で槍を二〇〇メートルも投げられる選手もいないだろう。もちろんそれは限界を示す記録ではない。それは限度である（達成できない数値である）。数学的に捉えた限界とは、原理的に達成可能な限度であり、その最小値のことをいう。従ってスポーツの達成能力に関する本当の限界は実験では求められない。その限界とは無数のステップを経たあとで、限界を超えるプロセスの極限値として決定されるものである。しかしそのような限界値は決して実験では測定できない。実際にわれわれは数えきれないほど多くのステップ――その間隔はとても狭い――を経ることができないからである。

限界値は、必ずしも見積った数値通りになるとは限らないが、その将来の傾向を外挿法によって予測したり、包絡線を求めれば近似値として求められる。ビーモンの跳躍の記録は、それまでの走幅跳の世界記録を変数にして求めた傾向外挿曲線から極端に外れていた（また、メキシコシティーという海抜二千メートルを越える高地での条件は、こうした飽和曲線による比較のできない特殊なものだった。例えば月面では誰でもビーモンのような跳躍をすることができる）。

スポーツは完全に記録に支配されている。こういう主張には次のような反論の余地がある。オリンピックのスポーツは多くが記録と無関係なものである。公認の記録リストが存在するスポーツは二六競技のうち六つしかない。記録と関係するスポーツといえども、オリンピック大会で世界記録を更新する可能性のある選手にとってさえ、オリンピックで優勝することは記録を更新することよりも何倍もの価値がある。

選手の人間性は記録という抽象的な数字の中に埋没する。そういう批判をよく耳にする。たしかにパーボ・ヌルミやエミール・ザトペックの記録は既に更新され、忘れ去られてしまった――往年の名選手といえども今日のレースではトラック一周分以上の差をつけられるだろう――が、彼らの名前やスポーツをしている時の個性的なイメージは記録とともに消え去ったのだろうか。答えはノーである。それ――スポーツの達成――は、歴史、当時の時代、社会の身近な人々の心の中に残っている。スポーツの達成は、それを成し遂げた当事者から切り離すことはできないし、量的な抽象的概念として評価することもできない。多くの報道機関は競技における実際の出来事を伝える際に、メディアにとって都合の良いようにスポーツ現象を解釈する。しかし、競争を伴うスポーツの出来事を記録だけに注目して考えたり、メダルの数に換算する考え方は間違っている。

## (1)「より速く、より高く、より強く」―記録は限界がないのか

ピエール・ド・クーベルタン、カール・ディームのようなスポーツに関する著作のある人たち、ホセ・オルテガ・イ・ガセット、ポール・ワイスのような哲学者たちは、スポーツの記録には自然法則的意味があると考えた。つまり記録は最高度の達成限界へ歩み出る人間の姿を通して、彼らが生まれつき持っている能力を示しているという。ニュートンの運動の公理が物理学を完成させたように、記録はスポー

ツの出来事を完成させる。クーベルタンはそう考えた。ディームとワイスは、記録には自然の法則が現れると考えた。カントの「人間とは何か」という哲学的根本問題に対して、トップスポーツの選手と彼の記録は模範的な解答――その解答は確かに暫定的なものであり、絶えず記録更新へと駆り立て、従って絶え間なく答え続けなければならない解答ではあるが――を与えている。あらかじめ準備された上昇への蓄えを絶えず継続して利用し尽くすことは、より完全なものになろうとする絶え間ない人間の努力を特徴付ける。オルテガによると、要するに力動的な生は全てそうだが、特にスポーツは「境界石を外へ移動する野性的快楽」の原型であると特徴付けられる。クーベルタンがペーター・ディドンから引き継いだ『より速く、より高く、より強く』というオリンピックの原則も、限界なき上昇と全体的な記録崇拝のモデルの下に置かれているように思える。このオリンピックの標語は危険きわまりないと、ドイツオリンピック委員会のビリー・ダウメは考えた。すなわち、その文が全く制限を受けることなしに絶対化されるならば、人を非人道的なことへと導き、誘惑する危険に陥るというのだ。しかしながら、クーベルタンは『より速く、より高く、より強く』というスローガンを絶対的条件とはっきり捉えていたのではない。たとえ彼がスポーツ場面における適度さや「強い抑制」に反対の立場を取り、スポーツの場面で「暴れ回ることの自由」の中に、「人を引き付ける力、正当性、神秘性、道徳的価値」などを見ていたとしてもである。一見したところ無制限のようにみえる『より速く、より高く、より強く』の理念を制限する本質は、クーベルタンにとっては倫理的であるということである。あらゆる報酬をめぐる記録、競争、勝利などは意義深いものであり得ず、善、すなわち落ち着いた状態で完全に成し遂げることと誠実に導かれた競争を純粋な手段とすることのみが、意義深いものとなり得るのである。暴力、欺き、操作、ドーピングなど、不正で不自然な利益をもたらすこのような手段は、クーベルタンにとっても絶対あってはならないことであった。

さらに、クーベルタンのオリンピック標語に対して、オリンピックのスポーツ種目では、死に至るようなものや全く競争に不適格なものが認められていると考えられてはならない。古代ギリシャのパンクラチオンはあらゆる手段を使い、対戦相手の闘争能力がなくなるまでリングで戦う完全に無制限な戦いであるが、これはクーベルタンの考えの中には存在してなかったであろう。それと同様に、一九六〇年のローマ・オリンピックに出場した自転車選手クヌート・イエンセン、一九六四年のインスブルック大会では、スキーの滑降選手ミルネ、リュージュの選手スクリペッキ、彼らが悲劇的な死を遂げたことは、クーベルタンが目標とした基本原則外の出来事である。危険を予測し減らすことは可能だけれども、完全に避けることは不可能である。極端な達成が要求される領域では、ことさら避けることが不可能である。一般に、国際競技連盟によって非人道的レベルにまで達することを余儀なくされた達成への過度な要求を示す例や、場合によっては非人間的状態へ追込まれかねない危険性について、多くの例を指摘できる。例えば、オリンピックのスキー競技の滑降コースは、常に危険で急なものでなければならないのか。死者が出て初めて、スキーのコースを緩和すべきなのだろうか。ストラーやスラッシャーのように、登山、自動車、オートバイ、サーフィンなどの、死と向かい合わせのスポーツ種目の魅力をほめそやし、「無の中へ突き進む」死の危険をスポーツの実存的解釈の基盤にしている多くのスポーツ哲学の実存主義者に見られるごとく、まことしやかにもったいぶった英雄崇拝主義もまた指摘できるだろう。ゲームの快感が自己の命を脅かす危険性と結び付き、場合によってはその危険を独特の魅力とするようなスポーツ種目は、確かに正当な種目とはいえない。過度の危険は、クーベルタンの根本理念に合致するものではない。スポーツにおける死並びに再起不能に至るような傷害は、クーベルタンの願いに対立するものである。

## (2) ドーピング——それは阿片なのだろうか

われわれの経験によれば、人は死ぬほどの恐怖を味わうと自分の能力を普段使わない分まで動員し、それを極限にまで発揮する。消耗による危険、非常用の予備力の浪費、選手自身の不正による筋力の増強など、それを防止するために、アンフェタミンのような抑圧解放物質やそれに類する薬物の摂取を禁止することが、倫理的観点から認められている。公正で均等な機会を保証することだけでなく、自分自身に極度な悪影響を及ぼす危険性を誰もが回避するために、このような規範がある。残念ながら、砲丸投げ、円盤投げ、ウエイトリフティングなどの種目では、世界記録を更新するためには「ドーピングをしなければ無理だ」という辛辣な言葉を耳にする。これらの競技ではオリンピック大会や世界選手権で世界記録が更新されることはめったにないという。というのも、そこでは厳しいドーピング検査が行われるからである。ドーピングは、右のような瞬発力を必要とするスポーツでは、世界記録保持者をむしばむ阿片であることに変わりない。そういう状況はいつまで続くのだろうか。

本来ならスポーツ選手自身が自らの認識のもとに、ドーピングによる危険性の増大に対して限界を設け、責任を負うべきなのに、自分たちが依存性を強めてしまっている。オリンピック大会のハンマー投げの優勝者で生まれつき腕に障害を持つコノリーは、引退前のシーズンに、優勝を目指す選手は決勝戦の前になるたびに能力を高める物質で「死に至らない」ものを摂取したくなると言った。実際に最高の成果をひたすら追及することに何年も本気で取り組んでいると、心理的に別の選択ができなくなる。

もちろん、常に薬物摂取が行われている状況では、競技の遂行レベルについて安全・中間・危険といった区別をすることが難しい。現在運用されている規則より適した安全規準が必要である。しかし問題はまだ解決しない。トレーニングの全期間に関係していることが問題である。ただし、筋肉増強剤を用いた証拠を摂取後三か月たってもうまく検出できる検査法が開発された。それでもドーピングは、人を誘惑する阿片であることに変わりはない。

## ⑶「人工のものが残り、自然は滅びる」のだろうか

フリードリッヒ・シラーの「自然が残り、人工は滅びる」という言葉は、不自然で管理的な色彩を強

く帯びた現代の高度な競技スポーツでは、「人工が残り、自然は滅びる」と逆に解されるべきなのだろうか。スポーツの業績は生まれつきの生物学的事象に基づいて達成される。しかし生まれつきの生物学的な事象だけが、スポーツの業績を左右するわけではない（たぶん否定されるだろう――限界においても否定される。オリンピックの優勝者には身体的な障害を持つ人もいた。レイ・エブリーは障がい者で幼いころ医者に跳躍運動を勧められていた。彼は成長してオリンピックの高飛び込みで十個の金メダルを獲得した。一九六〇年のローマ・オリンピックで陸上競技の短距離三冠王になったヴィルマ・ルドルフも、障がい者だった。彼女はオリンピックの決勝戦でも、靴のなかに足支えを入れていた）。スポーツの高度な達成は文化的な決定要因を必ず含み、慣習に左右されている。人間が槍を投げる能力は世界記録を見ても分からない。円盤投げのように回転するバスク地方のスタイルで槍を投げれば、その飛距離は確実に伸びるが、国際陸上競技連盟がこのスタイルを認めていないからである。スポーツでは認められた運動と文化的な伝統による慣習的な制約が――生まれつきの自然法則的基盤もそうなのだが――成績や記録に影響を及ぼし、達成能力の限界を決める場合もある。スポーツ種目の分化と発展も、社会的に限定された慣習的なものである。スポーツとスポーツの達成や限界に影響を及ぼしているのは、自然法則性だけではない。文化的なモデルも自然と対立しながら、かなり影響を及ぼしているのである。そして文化はつねに解釈でもある。歴史家アーノルド・トインビーは、文化的存在は自然状態とその抵抗を通して挑発を受けるという考えを提起した。その観念は、ここで重要な解釈を部分的に示す。すなわち、人工の状態に置かれたものに対してもまた、文化的に型づけられた「抵抗」がある。スポーツの達成は、能力の比較と改善へと方向付けられた目的活動的で西洋的な人間の根源状況と、闘争的で「競争的な克服」を反映している。トインビーが述べるように、いわば「神話的な」要素と機能がスポーツの中に認められ、その要素と機能は、相手或いは自然との対決の単純な役割を演ずることによって、さらに全く典型的なドラマ性と魅力、手に取るようにすぐわかる息詰まるような切迫感とダイナミックさにおいて体現される。スポーツは結局のところ、純粋に自然であるのではなく、自然事象が文化的に抑制、変質され、文化的形態をとるという意味での文化でもある。スポーツは、「術」という意味においても、人工的かつ人間的に作られたものである。

スポーツの記録と限界は、それらに文化的要素が本質的に関与する場合、自然科学的に純粋に基礎付けることも表示することもできない。シラーは「美とは、芸術的なものにおける自然である」と定義している。「スポーツとは」、自然の基盤の上に自然を媒介として「自然を人工的に中和したもの」なのであろうか。スポーツにおける自然性についての観念ですら、文化的に型づけられている。アーノルド・ゲーレンが主張したように、人間における「自然性」とは「文化」のことである。まさにそれは「第二の自然」と呼ばれるものである。これはとりわけ、スポーツにあてはまる。しかし、自然に備わっている力の発揮によって成就される達成の理念は、この場合本質的であり続ける。生活と行動の様式に関する知的訓練、トレーニングそれ自体或いはトレーニング方法の新たな開発と運動様式（例えばフォスベリーフロップのような）は、薬物操作の及ばないレベルで、しかもスポーツの発展と創造の理念に一致した合法かつ自然な行為の改良ないし運動の技術革新として現れてくる。スポーツ的達成を得るために用具や設備を改良したとしても、「不自然な」手段でそれを行うことを許さない「自然性」の理念が、スポーツの根本的なところで手段の合法性に対して働いている。手段として許されるものと許されないもの、「スポーツ」という表現の使用、独自性のある行為と到達可能な目標を技術的に達成したに過ぎない行為との区別。これらを判断する際の基本的価値の中に、ある種の慣習が反映している。もし、ヘリコプターとエベレストの山頂を目指す速さを競うようならば、それはもはや「スポーツ」という意味での登山として特徴付けることは不可能である。スポーツは、自然の基盤へ「手を加えたもの」である。難問は、境界がそこでもまた、しばしば流動しているところにある。

## (4)　スポーツは技術的軍拡競争か

何が自然的なのか。何が技術的に生み出されるのか。何が技術的な装備によって得られるのか。ボブスレーやアルペンスキーのようなスポーツでは、技術的な条件の違いが機会均等性を奪う恐れがある。ヨットでもそういうことが起こる。風洞を用いて科学技術的な実験を行える国の選手たちは、科学的に遅れた国や経済的に貧しい国の選手よりも、場合によっては不当な利益を得る。技術的な精度と財政的な出費は、スポーツの機会均等の歪みを引き起こすであろう。以前は少数のスポーツ種目で良く見られた。しかしこの傾向は強まっている。例えば、一九八四年のロサンゼルス・オリンピックでは、NASAの開発した六万ドルの自転車が、タイムトライアル・レースの勝敗を決定付けたのか。

与えられたテクノロジーを知的に、合法的に、創造的に徹底的に利用することと、そこから得られるすべてのアドバンテージを明確に区別することは、ほとんど不可能のように思える。技術的な優位性が結果を大きく左右するような活動と、体系的なトレーニング、特別な才能、ならびに行為についての経験などが勝利に対して決定的な意味を持たないような活動は、問題外である。高度化したテクノロジーは、一流クラス同士の戦いでは確かに必要不可欠なものであるが、それだけで勝敗が左右されるわけではない。たとえ用具を完全に規格化するという急進的な解決案が提起されたとしても、このような微妙な問題に対する決定的な解決策にはならない。このことは、ヨットのソロ種目の際のフィンについてすでに実証済みである。

スポーツの機会均等を維持し、技術力の差がもたらす格差の拡大を避けるために、技術的進歩によるさらなる用具の発達を放棄することも考えられる。多くのスポーツ用具は今日十分高度な発展を遂げている。スポーツは、技術と何らかの（今まで満足に研究されていない）類似性があるにも関わらず、同一のものではない。

限界効用原則と論理学的曲線にならう、絶え間なく増大し続ける達成の要求のために、問題の解決は困難になる。最先端での成績の向上は、トレーニング、才能、スポーツ科学、技術、コーチング、ならびにメンタルマネージメントなどを投入しなければ得られない。その結果、限界ぎりぎりまで能力を高めないと勝負にならないほどの、過酷な戦いが行われるようになる。次のように言うこともできる。すなわち、競技者はたとえその進歩がわずかなものであれ、負荷、事故の危険、長期の障害と後遺症の可能性という絶えず大きな危険を、高度の達成分野においてわずかな成績の伸びを得るために耐え忍ばねばならないと。

競技者は世間からの強い期待と圧力を常に受けている。スポーツが社会的成功に至る唯一の道である場合に、メダルをめぐる競争は非常に真剣になる。「世界の重要な副次的事柄」は、多くのスポーツ選手にとって意外にも主要問題になってしまい、彼らにとって唯一の人生設計であると過度に強調される。得るも失うも競争の結果次第である。人が語るところによると、オリンピックのスプリントの金メダルは、一〇〇万ドルをもたらすという。スポーツは、テレビのショービジネスに堕落している。世間の期待という圧力はスポーツ団体においても、まさに個々の競技者に対し、ドラマ性を高めるために時には過剰な演出を求める。

## ⑸　権力、市場、メディアの間での人間的スポーツ

人為的に成績を向上させる試みが頻繁に行われる。しかしスポーツの人間的な基盤を忘れてはならない。教育と倫理の観点から、競技の魅力を守るべく節度を守らねばならない。達成の過熱に身を投じな

くてもすむ職業の識者が、それを働きかけねばならない。競技者、トレーナー、役員に責任の自覚を求めることは――彼らはマスコミの非常にわざとらしい達成への期待と多くの無能なジャーナリストの口やかましい知ったかぶりに、批判的な立場をとることになるのだろうが――余りにも軽率な要求なのだろうか。

スポーツの能力には制限と限界があり、それらは異なる概念として把握されるべきである。すなわち、自然に与えられた生物学的な能力の限界は、文化に基礎づけられた倫理上の限界と明らかに区別すべきである。後者は意識的に設定された規範である。それを越えることはできる。それは変わるかもしれない。スポーツの能力を限界づけるこの二つの種類は異なるものとして扱われ、顧慮されなければならない。前者はスポーツの自然科学的議論において役割を演じ、後者はスポーツの倫理学的議論において役割を演ずる。

人間性には量的な限界がない。しかし指針となる目印やコントロールできる境界線がなければならない。どこでスポーツが終わり、どこまでがスポーツであるのかは、自然法則的に検証されるのではなく、ある確立された文化並びに歴史的本質によって変わる人道主義、道義、理性的尺度の理念をもとにした倫理判断の問題である。スポーツ倫理学は、表面的な普遍の義務を論じる時にだけ使われるのではない。厳格なスポーツ倫理学は、今までほとんど展開されていない。スポーツ哲学の枠内では、詳細な概念の明確化や分析的な倫理学すら存在していない（例外として存在しているのは、社会的に規制され制度化された行動の倫理的根本規範であり、スポーツに起源を持つフェアプレイ原理についての不十分な教育学的議論くらいのものである）。

現実の問題が倫理的判断によってあまねく解決されるわけではない。しかし、コントロール可能で、たやすく変えることができて、なおかつ普遍妥当な概念枠組みは、スポーツを行ううえでのガイドライン或いは方向付けの基準として必要である。スポーツを倫理的に問い、倫理や人間性の原則をスポーツの現実にどう生かしていくかという問題が、高度達成スポーツをめぐる議論の主要テーマになるであろうことは十分考えられる。

スポーツの哲学はこの挑戦に応じなければならない。連盟に加盟しているすべてのスポーツ実践者は、過激化の渦にある達成スポーツが愛国主義的に動機付けられた無意味なスポーツの軍拡競争に陥らないように、倫理的ガイドラインの必要性を認めなければならない。唯一無比な達成の「神話的な」魅力に対してもまた、スポーツは人道性と個々の選手を忘れてはならない。人間的な限界は、生理学的に想定可能な限界よりも狭い範囲にある。

# 4 「運動とは何か」

ヨハン・ウォルフガング・フォン・ゲーテの『西東詩集』に、『ズライカ』という詩があるが、そこに登場するマリアンネ・フォン・ヴィレマーが「運動とは何か」を問題にしている。ゲーテにとっても、「運動とは何か」ということが根本的な問題であったらしい。「運動とは何か」を問うことは、われわれにとって本質的な問題であり、ギリシャ以降の西洋哲学の根本の問いでもある。スポーツの運動形式は日常の運動形式とは異なる。それは、日常の運動形式よりも強い法則の支配下にあり、先験的図式により決められた方法を必要とするといってもよい。つまり、特定の種目ごとに型が決まっており、各種目は型を基準にして優劣の比較が可能になっている。スポーツにおける運動形式——確かにその大部分は自然の運動を基礎にして成り立っているが——それは、規格化され、慣習化され、規範化され、そして人為的に形作られている。スポーツのランニングは、確かに経済性を重視するあまり走法が形式化されているものの、自然の動きを十分に残している。一方スポーツの競歩は、それに比べれば不自然だし、そのうえ妙なぎこちなさを感じさせる。スキーの運動はかなり不自然であり、初心者は指導を受けずに滑ると大抵間違った動作をしてしまう。例えば初心者は、体の重心を斜面から外側のスキーに移さずにターンするので——このことは一見すると自然に見える——山側へ倒れてしまう。一方スキーの距離競技の対角線走法はあまり人為的ではないように見える。しかし、一瞬のうちにジャンプを可能にし、重心を伸ばされた下腿部に移す足の踏み込み動作は、決して即座に理解できるようなものではない。つまり、その動作は歩行の際のように予め体重を新たな立ち脚の膝と踵に移し替えないし、前方へ足を運ぶときに爪先で蹴らない。滑走段階からジャンプへ移る時やストックを使用する時などに、その術性は一層明らかになる。

スポーツの運動は人為的な形式をしている。しかし全く独自の変化や変容をとげたり、全く新しいものが生まれる余地もある。例えば、一九六八年に開催されたメキシコ・オリンピックでは、陸上競技の走り高跳びで優勝したフォスベリーが、一種独特の新しい跳躍のスタイルをあみだした。彼はバーに対して背中を向け側方へ踏み切ると背中を凹状にし、下腿部を後方へ曲げバーを越えたのだった。この発明は大成功だった。彼がオリンピックで優勝したからである。その後、走り高跳びの一流選手は全員このスタイルで跳んでいる。体操競技においても難度の高い技――例えば（跳馬や床運動における）いわゆる塚原跳び、すなわち前方二回宙返り一回捻り――が人間の運動能力の可能性を伸ばしそれを発揮させるために開発された。三回宙返りは既に鉄棒の降り技として行われている。

技を正確に遂行し客観的に比較することや、技の改良をある目的のもとに検証可能な形で行うことは、技を形式化し分類し、一定の規則に従った把握と統制があってはじめて可能になる。様式化、規格化、規定、さらに正確な把握があって初めて、スポーツ種目内の異なる運動形式の多様性もまた許される。

たとえ、身体文化についての一般的なマルクス主義の理論が（決して全てではないにしても）少なくともスポーツ運動の一部は狩猟、逃避行動、戦争の行動形態などの自然な日常的運動から生じていると主張するとしても、それでもやはり、それらは社会的慣習と文化的規範を通して一定の意味と様式を獲得したものである。スポーツ運動は特定の社会的制度の一部であり、この制度を通して初めて、いわば世界内で創造された「固有の世界」の一つの契機となる。スポーツ運動は通常世界の行為でありながら様式化されており、いわば固有で新たな意味を伴った疑似自然である。スポーツ選手は、困難なスポーツ運動の習得と克服を通して世界と自己の肉体を開示してゆく。すなわち選手は、自己表現、世界と自己の克服ならびに自己実証の新たな異型を作り出すのである。

## (1) 習得段階

難度の高い運動形式を学習し習得するには、何か月も練習しなければならない。不可能に近いことや不可能なことは失敗する。トレーニングにおける運動配列の自動的な反復は、とりわけ強くこのことを物語っている。習得していない運動――例えば体操競技の跳馬における「新山下跳び」は、何度もイメージし、予備動作をし、補助運動をして準備される。そのつど、自分で意識的に修正したり、補助を受けたりしながら技の分析が続けられる。身体は当分の間、ぎごちない存在として感じられる。人はさしあたって、みごとな運動の粗形態の状態にあることが重要である。この段階で試みられる跳躍が、外見上は未だ落胆するほど完成から遠く隔たったものであるとしても、成功した時の理想的なイメージを目標ないし指針として持つことが必要である。運動は、粗雑な状態で行われている時に、不意に成功することがある。初めてそれをマスターすることに成功した時は微かな徴候が現れる。その時、あたかも束縛が打破されたかのようだ。跳躍は何度も成功するようになり、補助も必要なくなる。過度な意識集中は、運動様式が殆ど自動的に配列されることに引き継がれる。その時は、運動感覚が筋伝達を支配することで外界の複雑な情報を単純な本質的記号へと還元しているのである。運動は完成しマスターされる。かくして競技者は、技術分析から戦術的意味合いを帯びた評価、考慮、変化、修正などの段階へ意識を向けるようになる。

あらゆるスポーツ運動は、以上のように「達成」されるように見える。習得の難しい運動、習熟が難しい運動、危険な運動の場合は、習得段階の経過がより鮮明になる。従来行っていた演技や技に新たな技術を加えて改良を行う場合、どのような経過をたどるのだろうか。かつて体操競技で一流の演技を見せたエバート・ギンガーは、鉄棒の降り技を二回宙返りから三回宙返りに変えたとき、「より速く滑らかな回転ができる」新しい技術（いわゆるモノリス姿勢）が必要だったという。「今までとは違う技術を用いる場合は運動の調和や美しさが損なわれる可能性もあるが、新しい技術は運動をマスターするころには粗い形態から洗練されたものとなるので、やがて調和のとれた美しい運動ができるようになる」。

習得段階は、さらに高いレベルで繰り返される。つまり、運動の調整に問題がなくなれば、勝つための戦略的注意を競争相手の作戦に対応するための走りや状況判断へと向けることが可能になる。

用具を使用するスポーツの運動を習得する場合、大まかな枠の形成と配列的自動化についての類似した段階が進行する。運動は成功を繰り返すことによってプログラム化され、学習理論的意味合いで「強化」される。テニスのラケットやボートのオール、スキーの滑降選手が使うスキー板などの用具は、隠喩的に選手の腕や脚の延長とみなすことができる。選手はそれらを文字通り「感じ取る」のであり、知覚、成功或いは失敗の感覚を感じるのも用具を通してであり、技の習得段階においても選手と共にある。ここでもまた、予測されるべき運動感覚的疲労を無視してはならないばかりか、運動中に感じられる抵抗感や用具の物質性を大切にし、目的意識をもってそれらを操作し克服しなければならない。そのうえさらに、競技能力は用具の特性や形式の変化、用具をめぐる環境およびその適切な調整などに左右される。

## ⑵ 人格の表現としての固有の達成

従って、スポーツ運動は活動的な個人的達成である。それは自ら課した自己鍛練と確固とした学習経過の成果である。スポーツの運動は、あらかじめ定められた規格型の枠内で、変化、様式の変容、最適化を許す。明確に規定された運動法則を通したスポーツ運動の多様性は、運動としての行動と同時に人格表現の可能性をもまた、おのおのの面において細分化し洗練する。これは行為、行為能力、行為習慣、行為傾向、並びに心理的欲求と心理的動機などの力動的構造として理解される。人格というものはこれら行為要素から切り離され、副次的に行為から影響を受けるようなものではなく、逆に人格に基づいて一連の行為が決定されるのである。人格は、自己の行為、行為習慣、行為経験などの中で自らを形成し表現する。

スポーツの行為は人間の身も心も全て投入しなければならない。スポーツ行為は固有の行為として身体的で主情的であり、情緒的で意識的であり、肉体的で精神的である――と同時に社会的である。スポーツの達成は、うまく立ち回って手に入れたり、他人に委任したりすべきものではない。人をむりやり行進させることはできるが、一万メートル走の世界記録を出したり、八千メートル級の山へ登ることを強制することはできない。確かに運動様式の一部は人間の自然な運動能力の延長線上にあるが、決められた規則性と型を超えて、文化的並びに社会的に型どられ、規格化され、標準化される。それらは、一定の困難性、運動の型、或いは回り道によって決められる。われわれは一般に次のような目的で、余分な障害や扱いにくい用具をあらかじめ設定する。すなわち、能力を最大限に開花させた優雅なフォームや極めて効率的な運動遂行によって、或いは短時間で、そうした人工的な困難を克服しようとするためにである。人はスポーツにおいて、完全なものに最大限に近づき得ることを誇示するために、人工的な障害物を設定するのである。完全な自己とは、特別な達成の外的表出、或いは体系的に準備されたトレーニング訓練と規律的生活など、自ら選んだ禁欲によってもたらされる。すなわち、スポーツ行為は全人的な心身の努力のもとで、人工的に考え出され改良された文化的運動能力なのである。スポーツは他者との比較、相手との戦い、そして以前の自己能力との比較を通した表現的な固有の達成なのである。

個々の動きこそがスポーツの核心であり、測定比較ないし評価はスポーツの外観である。目に見える形で表現される部分はただうわべにすぎず、自己の運動に意味がある。行為者自身の視点からピーター・アーノルドは、一九八四年に開催されたオリンピック科学会議で次のような発言をした。「走っているとですね、走ることが何かを象徴していると感じる時があるのです。それは、私が生ける生物体に他ならないという具体的な経験に関係しています。私は走る時に、私という固有の生命体を生み出す源泉が、自分自身に他ならないことを最も鮮明に認識します。この認識は、走ることを私にとって象徴的なものとさせるのです。行為の中での私の生ける身体の現実は、走ることのリズム、努力、呼吸、苦痛において象徴化されているのです」。

他にも自己の運動を象徴的に自己解釈した人物がいる。それはオリンピックの女子走り高跳びで優勝したウルリケ・マイファルトである。「自分の助走を猫のような走り方に例えるんです。猫は走っている状態からいつでも跳び上がれるでしょう。つまり猫は走から跳への連動性を宿しているに違いないからです。そして私は助走中に跳び上がる準備すなわち連動性を感じています。だからこの走りは跳躍と比べられるものでは決してなく、助走は跳躍へとより近づくためのものであり、最後の一歩へとまさにエネルギーを爆発させるものなのです。私はトレーニングや競技会で、猫が忍び寄るような動きを何度もイメージしました。トレーニングや試合で助走がうまく行かないときは、この経験に頼ることにしています」。

## ⑶　連関の中に意味がある

言葉、文章、発言と同様に個人的な運動もまた、「感覚」「理念」或いは「意味」などと呼ばれている観念的なものと無関係に、あたかも魔法のように意味を浮かび上がらせているのではない。そうではなく、意味を形づくるにはある連関を必要とする。これについて、デビット・ベストは次のように述べている。「意味は行為との連関によって、或いは行為の構造によって与えられ、それによって認識可能な要素が作り出される」。彼は当然のことながら、運動行為を意味連関の中へはめ込むことにより、運動の意味についての象徴理論を否定している。つまり、社会的関係或いは構造体系と法則体系が意味を限定し、生じさせるのである。

ダンスの表現やパントマイムにはっきりした象徴的文脈を見てとるならば、ベストに従って次のようなことを確かめることができる。すなわち、「人間の運動は、現実を象徴化するのではなく現実そのものである」。運動が観念の領域に属する理念から独立してシンボルを作り出すのではなく、意味は規定、規範、標準化、評価などの事象による一つの社会的結果として示され、伝えられるのである。同様に（例えば、ヒラリー・パットナムなどの）言語哲学における最近の意味論は、意味というものがあくまでも言語共同体によって決定され、個々の話し手によって部分的に変更される人工の形成物であるとしている。それはいわゆるステレオタイプを含むのだが、いずれにせよ言語共同体に受け入れられる際立った徴表が意味を形成すると考えられているのである。

それは同時に、スポーツ運動の意味へと移される。スポーツ運動の意味は、歴史の発展から切り離された永久に不変なものではなく、個々の行為独自の表象でもなく、現役の選手や専門家（美的スポーツ種目における評価基準の変遷をみれば明らかだ）或いは他になされる言語共同体の共同作業によって成立する社会的形成物なのである。行為者とスポーツ選手の自己解釈は当然一般的評価に同調するが、個々のケースについて或いは独創的という点では同調することなく、違った解釈を加速させる。スケーターのジョン・カリーは、フィギュア種目を芸術的要素の強い実際の芸術にしようとした。それゆえ、彼は自分で「スケートの劇場」を起こしたのである。

すべてこれらのことは、運動の理念型と現実に観察される運動事象とが常に明確に分離できるものではないことを示している。象徴関係という魔法のような方法でしか関連を示すことのできない関係にある、独立した二つの領域というものはない。意味は関係者同士の共通解釈によって作られたルールやその手続き形式の中に、いわば社会的に規定された型のなかに浸透している。この解釈は変更可能である。表象は解釈に準拠してはいるものの、永遠に存在する理念的対象の独立した世界を反映するのではなく、虚構であり、構成物であり、構造物なのである。感覚と意味はこのような方法で、運動行為の中で経験され解釈される。その限りでは、スポーツ行為自身が自己の意味を象徴化し、形成し、生み出し、変化させる。人は、スポーツ的な運動行為に感覚と意味を与えんがために、理念と現実についての分離理論を想定すべきでない。

自分独自の身体運動の中心的重要性が、人間の自己解釈によって明らかになる。独自の達成をなす存在は運動行為においてもまた、自らを表現し現実化する存在である。その本質は、外面的には表現することができ、内面的には経験することのできる行為から成り立ち、その際、いわゆる「外部」と「内部」は断絶した境界によって互いに分けられるものではなく、互いに結び付いて切り離すことのできないものである。内的経験は何か言葉のようなもの、或いは行為や運動において外面的に知覚できる手段の助けを借りてのみ表すことができ、さらに理解し、名づけ、反復することが可能になる。言葉、行為、自己運動の世界は、心身を分離する伝統的思想が解釈してきたように、内的な体験と経験の世界から厳密に区別されているわけではない。つまり、人間の自己実現と自己了解にとって、運動行為は中心的存在となる。その限りではスポーツはまた、行動様式の訓練と、それと同時に世界構成の多様な可能性に対し重要な役割を演ずる。すべてここで展開されたことは、当然のことながら狭い意味での達成スポーツに対してのみではなく、以下に詳しく述べられる大衆スポーツに対してもまたあてはまることである。

# 5 禅と自己

## ⑴ スポーツにおける「フロー」体験と瞑想的なものの考え方

ランニングに禅の思想を取り入れたフレッド・ローエは、「人は走るたびに他人には経験できない体験をする」と言った。この言葉は一見ありふれた表現に思えるが、次に引用する文章に見られるごとく、ローエは瞑想的な生の哲学について語っているのである。

「私は瞑想的なランニングを経験することによって、自分の人生を瞑想的に生きることが可能だということを知った。私には自分が瞑想的な生き方を身に付ける運命にあったように思える。私の言う瞑想的な生き方とは、冷静であり、大胆であり、油断のない、エネルギーに満ち溢れた状態、そういう状態に自分があることを意味している。それを身に付ければ、この肉体が滅びないかぎり、自分の人生の刹那を自覚することができる。このように瞑想的なランニングとは、ある意味では刹那の喜びであり、またある意味では、アレゴリーに過ぎず、人生が意味する重要な事柄を学習するプロセスである」。「舞うように走るときは、規準もなければ勝利もない。人生の喜びだけが存在する。すべて人生には喜びが存在する。それは刹那――今という瞬間――においてのみ存在する喜びである。従って、舞うというフローの状態においては、次のようなことが分かるだろう。《将来の報酬のために走ることはできない》、《今こそ自分に属するすべての物が手に入る》」。

スポーツの禅は広く知られるようになった。禅の文化はオイゲン・ヘリゲルの先駆的な著作『弓と禅』により、新しいトレーニング法として受け入れられた。それは今までの伝統的な指導法とは異なるものである。この指導法では、伝統的な日本の剣道と禅の精神を関係づけた鈴木大拙の思想が大きな役割を果たしている。その基本的な考え方は「腕の鍛練だけでは不十分だ」ということである。

ここで大切なのは、稽古に専念すること、徹底的に悟ること、無念無想になること、心の中を「空」にすること、そして無我の心境に達することである。この極意に関して沢庵という剣道の師範は次のような格言を残している。

思想と感情から全く自由である魂には
虎もその爪を押し入れる余地がない
勝利は帰す
闘いの始まるに先立って
太源の無心境に住し
自己を思わざるものに

自我を滅却して行為のなすままに心身を委ねるには、絶え間ない練習を必要とする。この練習は目標を達成する手段ではない。それは見せかけの成功や勝利を収めるために行うものでもない。人間を自分自身へと導くものである。それは自己を実現するために行うのである。「単に技術を高める手段として練習を考えてはならない。練習によって自他は本質を突破することができる。練習は自他が世界に姿を現わす方法である。このように考えると、練習はあらゆる真の人格指導の媒介となる」。数十年前から西洋に禅の英知を取り入れようとしたデュルケムはこう言った。

阿波研造という弓道の師範は、弟子のヘリゲルに向かって次のように言った。「あなたは正しく待つことを修得せねばなりません」。ヘリゲルが「しかしどのようにしてそれが修得されるのでしょうか」と尋ねると、阿波は「意図なく引き絞った状態の外は、もはや何もあなたに残らないほど、あなた自身から離脱して、決定的にあなた自身とあなたのもの一切を捨て去ることによってです」と答えた。

この精神状態は、「その中ではもはや何ら特定のことが考えられず、計画されず、希求、願望、期待されない状態」でありながら、しかも「確固不偏の力の充実」した状態である。それは「師範によって本来的に《精神的》と呼ばれたものであった」。この状態こそ、真底からして無心無我なのであって、それは「精神の目覚めた」状態に満ちみちているゆえに、「正しい精神の現在」と言われるものである。「弓矢なしで礼法を舞うことに慣れるや否や」、ヘリゲルは「二、三歩の後早くも異常に集中する気分になることを発見したのである」。集中の過程を楽にするために身体の力を抜く稽古をすることによって、再び弓と矢を手に取っても「造作なく冷静沈着な状態」に入ることができたのだった。静かに受け入れる術、待つ術、自我を滅却する術は、自己の中で汝と物、師と弟子の区別すら消し去る。そういった術は、「運動なき運動、舞なき舞として――禅への」――つまりは無意識の荘厳な感覚を呼び起こす。私が行為するのではなく、「それが」起こるのである。「それが」走り、踊り、射ち、進むのである。

弓矢さえも勝利の道具ではない。武器でもない。それは――鈴木の言葉を借りれば――「気分ムードを引き起す対象物」である。鈴木は、この直観的知、無我の状態を闘牛士ベルモンテが、その技に関する自己の経験を語る一文にも見出し、次のようなベルモンテ自身の説明の一部を『禅と日本文化』で引用している。「最後の闘牛をやった時にも、私は観衆のあるなしには意識を持たずに、ただ闘うということの純粋なよろこびに自分の身も魂も任せ切ることに、初めて成功したのだ。〔私は理想的な技ファエーナを作成しつつあった、夢でたびたびしかも詳細に見ているので、その一本の線も数学的精確さで脳中に描かれていた。私の夢の技ファエーナはいつも不幸に終っていた。なぜかというと、とどめにかかった時、牛は誤またず私の片脚を捕えるからだった。かく悲劇的結末をいつも示したというのは、何か潜在意識的にとどめをさす際の腕前に僥倖を認めようとしたからに違いなかった。にも関わらず、私は理想的な技ファエーナの実現を続け、牛の両角の間に身を置き、群衆の叫喚をただ遠くのつぶやきと聞いた。そしてついに、夢で見たように的確に、牛は私を捕え、私の腿を傷つけた。私は陶酔しており、夢中だったので、それには気付かなかった」――ベルモンテは自分が傷ついたことすら気付かなかった

(テニス選手のビリー・ジーン・キングも同じような感覚を抱いていた)。

例えば美的種目に代表される多くのスポーツ選手は、自分が観客と融合しているとの自覚を述べている。そこで観客は緊密に結びつき、演技と一体化する。同時に公演と相互に作用し合っている。トラー・クランストンは、鋭い美的感覚を持ったアイススケート選手だが、これについて次のように書いている。「観客は全く静的であった。リラックスして見物していたし、出来事を前もって感じていた。私は人々に電気的な衝撃が走ったような気が時々した。彼らは理解していたのだ。このほんの一瞬において我々は相互に融合した。現実は存在しない。そして時間は伸縮された。何かが起こったのだ。愛の向こう側で、現実の向こう側で」。

スポーツの禅に関する新しい解釈が流行した。『インナーテニス』や『ランニングと禅』という書物も出版された。禅をクロスカントリースキーに応用したり、ヨガの技術をスキーに取り入れる者も現れた。現在では多くのトップスキーヤーが、禅をメンタルトレーニングに関連があると見なしている。アメリカンフットボールやその他のスポーツのトレーニングも禅のブームに席巻された。長距離ランナー、ゴルファー、バスケットボールやフットボールの選手、彼らは極度に集中した時の無我瞑想の状態を経験した様子を報告した。レオナルドは、日本の護身術である合気道の経験、テニスの経験をもとに、「身体のエネルギーの流れ」について思索し、意識の柔軟性、多様性を、スポーツの練習に拡大することを論じている。彼は「エネルギーのフロー」についても「テニスのフロー」についても話している。

彼にとって人生それ自体がフローの大きなゲームになった。報酬はゲーム自体の中に存在し、ゲームを知覚する中にある。「結局走ることそれ自体が報酬であり」、これは全てのスポーツに当てはまるという。走ることは神話的な根源を持っていて、生の単純な形態を再現し、人類と他の哺乳類の類似性を確かめる。それは限りない美しさをもって人生を生きるように我々をいざなう。「人類の祖先は食物と愛を求めて走ったのである」。

スポーツは自己探求を援助すると、つつましく言うことができる。スポーツをすれば身体的能力や精神的能力の限界を試すことができる。人間はスポーツにおいて、自らの意志で条件を設定し、それを繰り返し克服しようとすることによって、興奮、挑戦、危険を思う存分に求めることができる。人間の本質は自己を有能であると感じること、自ら決定を行っていると実感したがるところにある。人間が意図的に設定した状況を克服するために様々な挑戦を試みる理由はここにある。これらの挑戦に打ち勝つこと、それを克服することができるということ（或いは感じること）は、大きな満足の源泉である。さらにテリー・オーリックは「各人は自己レベルの挑戦と達成を目指している」と言った。カヌーに乗って激流を下る時、「人は川の流れを支配するのではなく、川の流れを経験するのである」。予め考慮された危険、その瞬間における意義深さの感情、経験の強烈さによって、それは「解放され、爽快になり、よりよい経験をもたらすことができる。それは川や他人に対する勝利のための探求というより、自己充足のための探求である。このような方法で多くのスポーツ種目を考えることができる」。もちろんこのような経験は、競技スポーツに限ったことではない。

行動科学者チクセントミハイは、禅の流行を大仰に強調することなく、活動の内的形態と内的満足について述べている。それは純粋に活動自体に帰するものであり、自分自身のために或いはそれと結び付いた諸経験のために追及されると述べている。彼は全人的に行為に没入している時に感ずる包括的感覚を「フロー」と呼んだ。行為者は自分の行為を意識してはいるが、そういう意識そのものを更に意識することはない。行為と自己の間の分離には気付いていない。注意は興奮という限定された領域に向けられる。行為者は自我を喪失する。明確な行為の課題は他の何物でもなく、明確に行為そのものになる。行為者は自分の行為や環境を支配している。フロー体験はプロセス（活動）の中に生じる。それは結果や観察に依存しない。新しいことの発見やある挑戦を受け入れそれを追及すること、問題を解決することと、個人の技術や能力に基づいて身体的或いは象徴的な場と対決することは、フロー体験を引き起こし得る行為の特徴である。この経験は、雇用契約を結んでいる職業上の仕事、創造的活動、或いは外科医でも生じる。仕事と遊びの伝統的な区別は、このような関係においては適用されなくなる。行為者はフローの状態において「自分の注意を限定された魅力の領域に集中し、個人的な問題を忘れ、時間と自己の存在の感覚を失い、自分自身が有能であり自分自身の支配の下に存在していると感じ、自己の環境との調和と結合の感覚を持つ」。フローの経験は誰にでも常に起こるというわけではない。ところがそれは、日常の行為においても「マイクロフロー」として生じることが可能である。

さらに理論的な討議の代りに、私は自分の個人的なトレーニングの経験からフローの経験を描写したいと思う。ただしフロー経験そのものは、決して競技トレーニングに限ったことではない。

ここで述べられたことや既に多くの人によって記された経験は、さらに議論の的となる市民スポーツにおいても同様に当てはまるだろう

## (2) 運動の中に、「すべてのことの外に……」

湖は鏡のように滑らかである。朝の静けさ。まだ薄靄が湖面を覆っている。私はシングルスカルのボートに乗り「ウォーミングアップ」——一〇ピッチを五回、二〇ピッチを五回、三〇ピッチを五回、四〇ピッチを五回、三〇ピッチを五回行い、それぞれのプログラムの間に二〇ないし三〇ピッチを流す——を開始する。朝の静けさは水を捕えるリズミカルな「キャッチ」によって分割される。氷のような湖面を滑走しながら、左右にある大きなスプーンで水面をほじくり、そこにできた穴から湧き出る泉によって形作られる水の造形物によって、自分の後方に真珠のネックレスのようなものを残していくような感覚を持つ。私は水面にできるこの筋を見ながら、それを目当てに艇の進路を決めることができる。トレーニングや試合ではそのようにボートを操る。本当に滑らかな水面は滑走しているような体験へと誘い込ませる。四〇ピッチでコースを漕いでいる時、リズムによって運ばれているような感覚が私に起こる。つまり、私はリズムの波の上を軽やかに飛んでいるようなのだ。淀みを含んだ光る水面は一様に音を立

てて消え、殆ど変わらない流れが私のあとに続く。バランスなどは問題でなくなる。私は、リズミカルな運動の中で捕えられ、獲得されたものに完全に身をゆだねている。距離感覚は広がる。リズミカルな流れは固有の価値を得、外見的に独立している。私は流れに身をゆだねて揺れ、リズミカルな運動と共に流れ、高感度の没入と忘我状態の中で漕ぎ、振動の中で現れる入神状態を享受する。完璧な動きに伴う幸福な体験が私に伝わる。私は、完璧な動きの体験によって天国にいると思い込む。それはあたかもポール・ヴァレリーの『魂と舞踏』の中でバレリーナのアキクテが、「私はあらゆる物事の外に、動きの中だけにいる」と言った如くであろうか。叙情詩人ハマーは、次のように考えた。つまり、リズムは生命を支え、あたかも命を久遠のものと思わせると。

オオバンが、水面に音を立ててちょこちょこ歩きながら急いで逃げ去り、空へ飛び上がって流れをさえぎる。私はこのトレーニングの体験を思いだした。夢に見ることもある。それは良く似た別の体験とともに記憶に残っている。

「このうえなく楽しい」リズムの体験が私に伝わったのか――それともその体験を私が動きの中で生じさせ、投射させたのだろうか。どちらにせよ、この体験は私に幸福感をもたらした。それは私にまた滑走したい、もっと体験したい、さらに頻繁に享受したい、という願望をもたらした。没頭、集中、全く瞑想状態にある意識、私とリズムが完全に調和する体験、外界からのわずかな信号は、同時に、さらなる注意と内部集中という入神状態に一致する調和へと導く。その入神状態ということについて、チクセントミハイとガプラーは、高いレベルのトレーニングを行っている最中に現れ、それはまた特殊な限界経験を伝えるとのテーゼを示している。

入神状態や限界経験は一過性のものではなく、そのつど達成への意識を呼びさまし、内的に強く「動機付けられた性質」のものであるが故に、自分自身のために絶えず繰り返し新たに求められるのである。その際に、苦痛を減少させ、集中力を高め、日常の問題を忘れさせ、自己の筋感覚を伸ばし観察することの楽しみを高めるなどの特徴もある。人は完全なリズムによって、さらに成功するような感覚を持つ。人は、さらにリズムへと向かうということにのみ献身しなければならない。

## (3) 実存の危機におけるスポーツ

このような至高体験はスポーツの実存哲学的な解釈でも取り上げられる――ただしそれは危険に関係づけられた体験を対象としてのものであるが。スポーツを実存哲学の立場から解釈する人は、至高体験が「本質的な」個人的実存を保証し表現するのだと考える。ハワード・スラッシャーによると、スポーツは「人生を補足して完全にするものではない。それはむしろ実存にとって不可欠な現象である」。従って、「スポーツに携わっている時にのみ、人間は完全であるという気持に駆られる」という。スポーツは人間的実存の根底を明らかにするとともに、個人的実存を現実化する機会を提供する。なぜならスポーツでは自我が試され、発見され、向上され、確かめられ、現実化され、自己を発展させたり自己を探究するようにそそられるからである。「真の存在」は、個人的実存が試されたり危険にさらされている状態においてのみ、達成することができるのであろう。敗北と死の危険は、自分自身の行為や自分自身の決定によって、実存主義者がいうところの「内面の固有性」を高め可能にする。つまり「存在すること」は危険なことである」。人間は身の危険を伴うスポーツ種目において、死の恐怖を乗り越えることで死を象徴的に克服する。「スポーツは人間に全力を投入するよう要求し挑発する」。スポーツでは「逃亡したり自己を欺いたりすることはできない」。スポーツにおいては感覚の意味だけでなく、存在の意味が形成され明らかにされる。

勇敢で大げさな試みが、スポーツを存在の実存的中心物にさせているのだ。大げさな言い回しは別として、スラッシャーは漠然とした「スポーツ」の話題に終始する。この実存的な分析は――本来そうあるべきだが――あらゆるスポーツ種目にそれに応じた方法で適用できない。体操競技のような美的スポーツ種目とボクシングやフットボールのような格闘型のスポーツ種目が同じ体験表現で分析されるのだから、その研究はあまりにも一般的で概念的な分析にとどまっている。さらに「本来性」の意味が厳密に規定されていないし、記述されてもいない。つまり、本来的なるものが明確にされていない。さらに、実存的驚愕がそれほど普遍妥当なものであるのかどうか、実存的驚愕は極めて少数の競技者にしか感じ取れないのではないか、といった問題点もある。なぜスポーツだけが自己を実現する唯一の優れた手段でなければならないのか。独自の体験を媒介する他の諸活動もまた同様に、実存的自己解釈の中心をなすと考えるべきではないだろうか。そのうえ実存哲学はきわめて個人主義でありすぎる。実存哲学は、その他の点でも実存的な社会の本質的意味を殆ど完全に無視する。これはスポーツ活動の実存哲学的解釈にも伝わる。スポーツの実存主義的解釈も非常に個人主義的であることに変わりはなく、せいぜい個人種目に当てはまり得るにすぎないであろう。それらは、社会的側面について補足されねばならない。

危険を強調すること、高められた意識、活動への完全な参加と活動とのつながりの厳格さ、或いは主観性などの個人的実存への相対性にも関わらず、それらはすべて実存哲学と「フロー心理学」と同様、禅哲学の解釈においても見出される。しかし、両者の間にはある根本的な相違がある。すなわち、実存主義者の解釈は極めて個人主義的なものであるのに対して、禅の哲学とフロー体験の解釈は個人性ということを全く度外視する。その限りでは二つの解釈は相入れないものである。この相違は実存的要素を著しく帯びたスポーツである登山において顕著に現れる。ここでは個人とその実存が危機に瀕しており、死への接近は個人性と一回性の意識、つまり限界経験の意識を高める。ロッククライミングにおけるフロー体験は、自我が危機にさらされている時の「存在の真理」を全く軽視し、差し迫る危険と個人主義的な一回のみの体験という要素を排除する。時間と自己の忘我を伴うフロー体験は確かに全精神状態を形作るが、私個人を普遍的な存在として把握することを不可能にさせる、ただ一回のみ体験される例外的出来事として単独のものである。

これら二つの相入れないアプローチがスポーツにおける至高体験の実感について同じように主張する

ならば、これらのアプローチは全面的に妥当するものではない。しかしこれらは、完全に専念すること、絶えずつきまとう失敗の危険、人格と感覚の必要性、完全な集中などをスポーツへ結び付けている。これら全てが、競技者にとってスポーツは人生において不可欠なものであると思わせている。スポーツは競技者にとって「世界中で最も重要な副次的事柄」である。今日、トップレベルにある選手達のトレーニング、動機、体力と時間の消費などは非常に巨大であるので、一流選手はスポーツでの達成を長い人生における「主要目的」にし、自分の全ての思考と経験、いわば実存の全特性を伴ってスポーツ的達成に自分の人生をまかせている。彼らはスポーツの中で生きている。これらスポーツの重要性は想像上のものにとどまらず、「現実に」経験されている。そして、心身の根本状態の重要性は実際に多くのトップレベルのスポーツ選手の競技生活に、エゴへの高い集中と世俗的事象へのきわだった強調という実存的色合いを与えている。

異なるアプローチは部分的側面しか示さない。しかしもちろん、そのようなものとしてそれなりの重要性がある。ある点においては、両者は入り混じって結合している。トレーニングと技術は重要ではあるが全てではない。本質的な感覚経験は――ことに行為を強く成し遂げるのに要求される最高の状態にある経験は――技術に取って替わることのできないものであり、自由に選んだ目標と内発的動機付け、成せる活動の喜び、「本来性」(個人的なものであるか、フローのリズムによって自己の上に高められるもの) の産出に伴う喜び――これら全ては、ゲーム、芸術、或いはその他の日常経験と同様、スポーツ活動の至高経験の中に起こり得るものである。日本の剣道や弓道のようなスポーツ活動もまた、明らかに通常と異なる強烈な固有の体験を成立させることができる。達人にとっては、そのような活動すべてが自分自身にとっての目的であり、報酬なのである。自分自身に対して動機付けられ、付帯的目的から自由なやり方でなされるスポーツ活動の中に、完全に専心する過程と経験における楽しみのより深い意味合いを見出すことができる。

行為と自己の不可分性は、自己を高めすぎる実存主義的アプローチと同様に、禅哲学と自己忘却の「フロー心理」においても見られる。行為の中で意味が形作られる。強い自己経験と自己解脱は、スポーツ体験の頂点へと入り混じり合い、溶け込んでゆく。

# 6　第八の学芸

## (1) 宙返りと美の間で

一九八四年に開催されたロサンゼルス・オリンピックの女子体操競技で優勝したメアリー・ルー・レットンは、まるで重力から解き放たれたように旋回しながらマットの上を動いた。それはエネルギー、優雅さ、スピードを兼ね備えた難度の高い演技――本当に芸術的な出来ばえ――だった。淀みなく流れる動きが作り出す美しさ。美の極致。レットンは、あるパートで「伸身二回宙返り」をし、見事に着地を決め、別のパートを「塚原跳び」――二回宙返り一回捻り――で締め括った。フィニッシュは、高さのある「屈身二回宙返り」だった。

芸術的な完成度に対して高得点が与えられる。人間はこういうふうにして、片鱗ではあるが理想的な状態を作り出す。このようにして、人間はいわば理想的な型の世界に関与しているのである。演技は芸術的な意味合いの美の極致――美しさ――を本当に実現するのだろうか。古代において美と真は、善という最高のイデアが加わって初めて輝いて見えるといわれた。プラトンにとって美しさは感性的な表象であり、善いことの象徴で、真に理想的な状態の表出である。彼にとって身体運動の美は、真と善の表出であったに違いなかろう。イマヌエル・カントは、人間の形態から期待される美の理想は「道徳的理念の具象的表出」だと考えた。彼によると、「自然美が直接的関心を生ぜしめるような人の心には、少なくとも善良な道徳的心意に対する素質が具わっていると推定すべき理由をもつ」のだという。

美は善と完全性の象徴だという考えは、西洋哲学史に影響を及ぼし続けた。「美とは、概念を用いずに必然的適意の対象として認識されるところのものである」。すなわち美は人々にとって個人的な一切の関心に関わりがない適意の対象として認識される。そうカントは定義した。シラーも同様に考えた。彼は「美の形式はまさに真と合目的性と理想的な状態の自由な上演である」と表現した。ヘーゲルにとっても、美はたとえ狭い意味で道徳的なるものの象徴ではないにしても、「感覚的媒介を通して理念を反映するもの」である。すなわち、「美は本質的に精神的なものである。感覚的に現れ、感覚的な現存在において現れる」。シラーは「美は芸術における自然である」と言った。この言葉はオリンピックの女子体操選手にもあてはまるのだろうか。『ラオコオン』の中でレッシングは、「魅力あるものは動きの美である」と解説した。これはスポーツに一層密接に関係する言葉である。

## ⑵　スポーツは美的芸術であるのか

スポーツは「芸術形式」である。そう考える登山家（例えば、エベレストで行方不明になった有名な登山家マロリー）は少なくない。「登山家は芸術家である。彼らは自分自身のために感情的経験を開示するのだから」。体操競技 Kunstturnen は芸術なのだろうか。言葉がそのことを裏付けているように思われる。「芸術 Kunst」は「技量 Können」から派生し、「職人芸 Artistik」は「作風 ars」から派生した。ベロンは「芸術 Kunst」という言葉を、表面的解釈による感覚の顕示として定義した。線・形態・色彩などの表現豊かな配列によるにせよ、とりわけ調和のとれたカデンツを支配している身振り・アクセント・言葉等の系列によるにせよ、ベロンの定義もまたスポーツに当てはまるのだろうか。独特なリズムの連続における豊かな表情は、スポーツには関係ないのだろうか。この伝統的に用いられてきたベロンの定義は、一見したところ役立つように思える。

この意味での運動の遂行は芸術的な極致であるのか。スポーツは芸術として解釈することができるのだろうか。スポーツを古代ギリシャの古典的芸術に加えることができるのであろうか。ピエール・フレシネが彼の印象深いエッセーで解釈しているように、スポーツは文芸、彫刻、絵画、建築、演劇、音楽、ダンスに次ぐ「八番目の芸術」として生み出されるのであろうか。フレシネにとってスポーツは美的芸術の一つである。彼はそのことを言う際に、古代ギリシャの精神と伝統――例えばプラトンの『法律』の中の有名な一節――を引用する。それは次のようである。

「最大最美のものは、自然と偶然とが作り出すのであって、技術（人工）がつくり出すものは、これより小さなものらしいですね」。「しかし、技術の中に、もし何か真面目なものをほんとうに生むものがあるとすれば、それは、医術や農耕の術や体育の術のように、その作用を自然と共同させているものだけである」。

それゆえ、スポーツは八番目の美的芸術に分類され得るのであろうか。次にこの問いに答えることが重要である。その際、答えは一義的に与えられるべきでなく、子細に検討されなければならない。納得のいく解答を提示するためには、問いの立て方そのものも修正が必要になるだろう。

ミロンの円盤投げ選手に代表されるように、多くのランナー、レスラー、レーサーが古代の壷絵に描かれ、或いはスポーツ運動の美や競技者の肉体が彫刻のモデルにされている。オリンピック大会を近代に再興したクーベルタンは、スポーツと芸術、スポーツと精神を、再び意識的に一体化しようとした。彼はスポーツの運動ばかりでなく、スポーツ選手の肉体の中にも美を認めた。芸術的・文化的価値はスポーツの運動それ自体だけでなく、最高度の業績にも認められた。なぜなら、それは創造的な行為の中で「作り出され」、「追創造される」し、創造的行為を通して美の理念を映し出すからである。

スポーツ、競技者、彼らの達成の中に、ある理想の体現や表現或いは実現に近いものを見出す立場は、明らかにアリストテレスの芸術理論を受けついでいる。一般に古代の哲学者は模倣（ミメシス）の中に芸術理論の本質徴表を認めており、その際に模倣の対象を超えて豊かなイメージが表現されるのである。模倣再現ミメーシスは自然に備わった本能である――それは音階やリズムに対する感覚と全く同様である――とアリストテレスは考えた。彼によると「再現には、先ずリズムを使う舞踊家のものがあるが、確かに形態に表されたリズムによって、舞踊家も人間の性格や衝撃や行為を再現している」。「何故なら、自然が技術を模倣するのではなく、逆に、技術が自然を模倣するのであり、そして、技術は自然を補助し、自然がやり残したことを、完成するためにあるのだからである」。

スポーツの解釈は、模倣表現の理念に縛られた立場にとどまっている。しかしながら、スポーツと芸術に関する模倣理論は、包括的な意味で正当なものであろうか。われわれは模倣理論に代る新たなスポーツ理論を試みるときに来ている。その際、従来のスポーツ解釈が表現芸術を伝統的に模倣領域と理解し、芸術表現を描写するのにあまりに言葉に頼りすぎており、さらに個々の芸術作品の独自性をあまりに消してしまっていることなどが示されるだろう。

## (3) スポーツは八番目の美的芸術なのか

フレシネはまず、ギリシャ古典時代におけるスポーツ、宗教、芸術の歴史的な結び付きや、それらに共通の性質を指摘している。スポーツの競争および芸術作品を用いた「六ないしは七の深い類似性を持った活動によって、ギリシャ人は自分達の神々を敬った」。人は思慮分別からいって当然のことながら、他の何かと関連を持たない限り、八番目の神崇拝を受け入れることはできないであろう。もちろん、ある類似性というものは共通な固有の特質に基づくことを必要とするのではなく、「同等の歴史的起源(真の類似の場合には同じ起源による)によってもまた成立する」とゲバウアーは考えている。すなわち、「ある行為の美的価値は宗教儀式的機能のみで説明され得ないし、逆もまた同様である」。

フレシネは次のように考えている。スポーツをする人の間には、かなり一致した見方が存在している。それは「われわれがスポーツを直接の実利が伴わない活動であり、『自由な目的でなされる』活動であると定義すべきものとして信じており、強い筋活動に基づいた競争の形態において起こるものであり、さらに多量なエネルギーの消耗を必要とする、と信じているということである」。フレシネは、スポーツのさらに子細な特徴と遊びや仕事などとの区別のために、スポーツの特質的徴表を挙げようとする。なぜならば、先に挙げた定義だけではスポーツの特徴付けに十分ではないように思えるからである。

「芸術」の概念はフレシネによって余り詳しく規定されていない。彼は、一般に行われている用語の使用を信じているし、一般に美的な芸術として数えられるもの、例えば、演劇、ダンス、音楽、彫刻、絵画、建築、詩を芸術として特徴づけることができると考えている。彼はスポーツの特徴付けのための必要不可欠な徴表として、伝統的、「表面的な」、教育学的、愛国的、健康のためのさらには（民族）教育に関するなどの諸価値を超えた「〈本来の〉人間への郷愁」、つまり人間の身体に備わっている自然な運動様式、すなわち走、跳、泳といったような運動様式の保持による充足を挙げている。さらにフレシネは無益さと目的から自由であることをスポーツの特徴とみなしており、そのことは「うっとりさせる喜び」をもたらす芸術と同様にスポーツの特徴としても述べられている。この、目的から自由であるということは、スポーツと同様遊びにも特徴的である。

しかしながら、芸術とスポーツは遊戯とは異なり、真剣さという点で傑出している。なぜなら、芸術家もスポーツ選手も、活動に対してかなりの程度で人格の投入をするし、場合によっては全てを賭けることもあるからである。芸術とスポーツは最大限の努力、最高の自己投入、苦心、修練、克服を必要とする。デレカーというランナーの言葉がそれを物語っている。「常に遊びであるけれども非常に真剣な遊びである」。従って、芸術とスポーツは「神聖な起源」と「確かな過去を共有する」のみならず、両者共に全面的に行為に打ち込むことと見る側も積極的な働きかけやある種の努力を求められる「目的から自由な」活動である。それゆえ、芸術とスポーツを遊戯的なものとして組み込むことはできないであろう。遊戯的なものを超えて両者は――労働もまた同様に――ある結果へと向かう。その結果とは、ドイツ語の「Werk」やフランス語の「Œuvre」で表される「作品」である。われわれは競技者のŒuvreを芸術作品とみなすことができると考える。スポーツ選手は絵を描くように絶え間なく自分の「作品」を作り出すが、その際に芸術家とは異なり、作品を伝えることはない。それでもやはり、「作品」を伴うおのおのの芸術と同様に固有の芸術的世界は広がる。

フレシネは芸術固有の世界を七領域の下に分類している。スーリオはそれに対応する芸術の七つの媒体を線、空間、色彩、明るさ、動き、音声、旋律として表した。スーリオが挙げた動きの媒体に対応する芸術は、ダンスとパントマイムである。スポーツとダンスおよびパントマイムは一定の類似性があるにも関らわず、その第一印象に反して明らかに異なっている。その関係は彫刻と建築が似て非なるものであるのと同様である。視覚の芸術、聴覚の芸術、音感の芸術を人はそれぞれ区別するゆえに、スポーツは確かにダンスと「隣接」はするけれども、それぞれの感覚の意味において全く異なるものであろう。原作者と作品の関係から見ても、作品と観客は二つの領域において異なる仕方で形成される。それゆえ、スポーツは七領域には含まれない第八の美的芸術というような、一つの固有のものでしかあり得ない。

## (4) 記録は一つの芸術作品であるのか

「芸術家の努力と競技者の努力は目的に向けられている」。さしあたってこの目的を説明することは難しい。フレシネは、「目的のない目的に向けられたもの」について直接語っている。いずれにせよ両者の苦難には目的への帰結がある。芸術は芸術作品を、スポーツは「スポーツ作品」、つまり競技的作品を生み出すのである。この概念は確かに人を誤らすものである。ことによると競技者は、成し遂げた達成の結果よりも人間そのものが高く評価されるべきである。スポーツの行為は原作者から現実に切り離せる「作品」ではない。分析的意味でのみ、ここで分けられるのである。場合によっては、「作品」について語る代りに「制度化された機能」について、つまり、あらかじめ決められた枠内での芸術シンボルについて語るべきかもしれない。フレシネは独立した一章で「競技芸術の作品」についての探究を行っている。「スポーツ作品」は、競技者の身体とは同一視されていない。「競技者はダンサーがダンスそのものであるほど走ることそのものではない」。走ること自体は、固有の芸術的世界における作品である。スポーツ作品は、現実の世界をある程度代理し或いは重なり合い、独自の時空間と境界によって構成され、独自の知覚系列を満たすような固有の世界を形成する。しかしながら、スポーツの結果は虚構の固有世界において、演劇の役者によってなされる表現のように競技者という人物を通して示される。芸術作品の世界と同じように、スポーツ作品の世界もまた現実の日常世界と異なっているとはいえ、単なる虚構の世界である。

フレシネはスポーツ作品の四種類の異なる実存様態を、概念的に次のように区別した。(1)スポーツ作品は、確かに競技者の身体に基づいて物質的に存在している。しかし、良く訓練された競技者は純粋に「自然の産物」ではなく、時間をかけて目標に向けて陶冶されたトレーニング作業の結果なのである。トレーニング作業とは、機械的反復の結果でもなく「身体を理知的なものにしよう」とする試みの結果なのである。これはロボット、欲求、本能以上のものである。単なる機械的な反復と測定は、「スポーツの精神自身を危険へと」導く。(2)スポーツ作品の感覚的実存は、筋肉、関節、筋並びに呼吸器系と循環器系における感覚の調和的秩序の中で、「純粋特質」の群れとして知覚され体験される。観客は、リズム運動による可視的な知覚から、スポーツ作品の特質とそれに付随する感覚や感情を推測できるにすぎない。(3)具象的(或いは存在的)実存様態はフレシネにとって、スポーツ作品の固有性と特質を表すものである。実存様態は、スポーツ作品がその人独自の世界をうまく反映する時に現れる。つまり、「走ることは生を何倍にもする」のであり、従って「スポーツは生を、しかも複雑な生を形成する」のである。時空間の限界を突破しようとするスポーツ選手は、人間の生の根源的力動性を反映している。

スポーツにおける人為的制限と新たな技術の発展が試みられる場合、競技場とスポーツの人為的世界は、ある特定の時代と文化を反映している。「それゆえ、スポーツ作品には反映、暗示、一致という意味内容が存在し」、それらが個々の試合に生き生きとした現実感を与えるのである。(4) 先に挙げた三種の実存様態以上に、フレシネは超越的実存様態を認めるべきだと考えている。だとするならば、証明できず厳密に記述することもできない「彼岸」において、他の三つのレベルは一つにされるか集合体として扱うべきではないか。なぜなら、スポーツ作品は超越的レベルにある以上、身体的、感覚的、具象的現実には組み入れられないからである。フレシネは、このテーゼを支えるためにスポーツの文化的および宗教的意味を呈示している。

## (5) 伝統美学の欠如

いずれにせよ、フレシネにとって、スポーツ世界は「人間に特有の奥行のある世界」なのである。スポーツは「その最高の表象において、醇化、深化、充実の機会と、人間の祝典、荘厳さ、共通の他者との表現を通した《美的芸術》である」。スポーツを特有の世界であるとするこのテーゼは、スポーツの形而上学的意味にあてはまるのであろうか。それについてグンター・ゲバウアーは次のように考えている。「芸術作品の《超越的実存》についてはは理解しやすいものの、スポーツの「超越的実存」については難しい」。それゆえ、芸術の超越的意味については、「古代とそれを志向する時代の芸術に顕著にみられるごとく、何らかの形式で表現する」ことが常に重要なのである（たとえ「美的芸術」でも）。スポーツについては、「けれどもこの意味で枠付けをしないと完成しないなどとは言えない」のである。芸術における表出は芸術的意図によってレイアウトされ、秩序付けられ、修正されるであろう。つまり「計画し、構想を練り、組織をする（そしてしばしばインスピレーションを働かせる）創作者によって」。「それに対して『スポーツ』は本質的には即興から成立する。つまり、予測されないことが本質的徴表である。かくしてスポーツは、『芸術』から遠ざけられる結果となる。『スポーツ』は目的がないばかりでなく、意図もないのである」。

そもそも「スポーツ作品」は「生」というような何かを表すが、それは不意に生じる。それゆえフレシネは「当然にもスポーツを高い平面に」置くのであるが、それは「芸術」が到達できる平面ではない。それゆえ「スポーツ」は「美的」芸術の一部ではない――さらには「《美的芸術》のシステムが閉じている」ゆえに芸術には属していないのであり、「芸術」に属さないものは全て「システムの外に」とどまるのである。

結局ゲバウアーは次のようなことを検証している。つまり、フレシネは従来通りの伝統的芸術に従った美学と芸術理論のみを利用しており、それは現代芸術にとって不適切である。まさに具象的実存のレベルは「抽象絵画ですら無意味なものに」なる。フレシネの理念はスポーツを美的現象として解釈することであり、やはり現代芸術についての反伝統主義から特定の美的把握が生じている。そのために彼の試みは「意図を実行しなければならない」と彼が最初に書いたであろうような、全く別の芸術についての美学を要求している。スポーツについてのそのような新たな美学は、表現と言語の解釈から立ち去らねばならない。新たな美学は、例えば競争契機すなわち「競技要素」を、「緊張」「ドラマ性」「力動性」などの概念の使用の下に含むはずである。これは確かに正しい。また、カント以降の現代芸術を志向した最近の美学のうちに、美的パースペクティブを際立たせる点で、スポーツの解釈に有効であるような構想があるように思える（例えばこれにはムカジョフスキーの美的考察がある）。

## (6) 美的パースペクティブ

ムカジョフスキーの美学は芸術を、「仮に現代芸術ではあっても、美的要素が外部で副次的に芸術を支配するもの」と規定している。美というものは歴史的で社会的な影響を受ける。それは美的機能や不安定な規範と価値によって多重に造り上げられた結合体と見なされる。従って、美的評価は観点の選択に左右され、さらに美以外の価値や機能による影響のもとに下される。美的評価は、芸術作品を享受する集団の「実生活を営む力」と関連がある。その際に、独自性並びに自立性と許容可能な解釈の柔軟性との間に緊張が生じる。

美なるものはさらに芸術領域を越えて広がり、他の実践領域への適用においてもまた、その意味を認められる。美的なるものの本質は、「物の現実の属性でなく物の一定の属性に明白に結び付けられているのでもない」という運動の意味と同様に、「完全に物体の力の中に」あるのではなく、ある立場を取ることによって形成される。その点で、美の本質は社会的な承認と規範を通して決定され、安定させられるという点にある。美的経験と美的評価は、多様な観点に基づく解釈（解釈の構成）である。この美学によって、スポーツにおける美的機能のより現実的な評価が可能になる。ムカジョフスキー自身、美的ダンス――それは一種の芸術であり、伝達機能と場合によってはエロティックな機能も備えてはいるが、あくまでも美的機能が主役であるべきもの――と、もちろん不当に「衛生的機能」へと低められている「体育」との間の緊密な関係を認めている。この手掛りによると、スポーツは当然のことながら「美的芸術」へは属さないであろうし、スポーツにおいては美的機能のみが支配的であるのではない。しかしながら人は、次のように考えるであろう。つまり、例えば体操競技やフィギアスケート、新体操などのスポーツ種目において、たとえ間接的にではあっても、美的機能はスポーツとしての達成評価にとって絶対的に必要であり、また美的機能がまず第一に結果を左右するのだと。この意味では、多くのスポーツ種目において美的評価が大きな役割を演じていることは明らかである。

ムカジョフスキーはギュイヨーを次のように引用している。「生き生きとした美的感覚とは、行為そのものの中に現れ、それによって自己充実感を感じることである」。これは一方で、完全な感覚を伴った運動のリズムに支えられて走り、泳ぎ、漕ぎ、身体を動かす時にあたかも自己の外にいるように感じる「フロー」の現象のような、スポーツ運動の周期的リズムによってもたらされる荘厳な経験について既に書かれたものの域を出ていないように思われる。美的スポーツ種目におけるこの経験は一般的ではあるけれども、だからといってこの種の経験が、美的スポーツにおける経験の全てではない。ムカジョフスキーもまた、明らかに「強い度合いで美化」され得るそのような生の領域を認めている。彼は、はっきりと、「身体文化の美化（リズム論）」と呼んでいる。従って、ムカジョフスキーは現代美学をスポーツに適用するに際して、美的機能とは、「全現実」を解釈者に対して映し出すことだと確信しているように思われる。これは非常に驚くべきことであり、不明瞭な考えと言わざるを得ない。これはまた、抽象芸術や「美しい動き」にも当てはまるのだろうか。ムカジョフスキーはここで、古い美学の伝統的な反映解釈へと逆戻りしているのではなかろうか。いずれにせよ、多様な観点から美の解釈を試みるのであれば、このような反映の立場は必ずしも正当とは言えない。

## (7) スポーツのパースペクティブ

エルク・フランケは、芸術とスポーツの本質的な差異がなおも残るとして、ムカジョフスキーによる美学理論の議論に従って、芸術とスポーツのアナロジーを批判すべきと考える。スポーツの行為は芸術と異なり、行為者や状況との関連を切り離して理解することができないという。記録は行為についての知識や記号として伝えられるだけである。しかし、行為それ自体とは厳密に区別されなければならない。スポーツの行為は「スポーツ的パースペクティブの下で」のみ、スポーツの行為として理解されるということが最も重要である。了解形成に相応しい立場を取ることなしに、さらには解釈者、観察者或いは自分自身で行為を解釈するという設計者の立場に立たない限り、スポーツ行為は意味のあるものとして理解されることはない。

芸術とスポーツは同じような観察方法を必要とするが、両者の差異そのものは否定されるべきでない。アナロジーは完全な形態一致を意味しない。それは一定の特徴を強調することである。それぞれのアナロジーは不完全なものである。その点でわれわれは、スポーツと芸術の対象、価値、法則、見地を解釈する際にアナロジーを徹底できるのである。そしてフランケはこれも行っている。彼は、ムカジョフスキー美学をスポーツ行為の特徴を類推することに利用しようと試みる。美的対象は対象を理解し一定の視野が受け取られ、そのようなものとして訴えられて初めて美的なものとなる。その際、パースペクティブはある状況の徴表と法則を決定し限定する。演劇は決まった時間に合わせ一定の空間で催され、特別な規則に従う。それは自己完結しており、日常世界から言わば切り離されている。

フランケによると、スポーツ行為の特徴についても同じような関連があるという。ある「観察対象の走りをスポーツ行為として」把握するために、特別の条件が「信号を送っている」。「そのことは例えば次のような例に見られよう。散歩をする人にとって……横断麻痺のため車椅子に乗った人たちの散歩は、「気の毒な身体障がい者」がトレーニングによってパラリンピックの参加資格を勝ち得ているということを知るまでは、純粋に治療の視点から或いは気晴らしのためと見なされてきた」。場合によっては、後に金メダルを獲得したかもしれないのにだ。フランケはこの信号とスポーツ的競争の特徴的徴表についての輪郭を、ある特定の表示によって描こうとした。そのことは解釈のパースペクティブを得るのに必要欠くべからざることであり、信号や徴表としてのスポーツ行為を解釈者（観察者或いは行為者自身）の視野において、最初に「構想を立てる」ことである。私が以前、解釈モデル或いは解釈構造と呼んだようなものが形成される。解釈モデルを作る場合に、「スポーツ機能」と社会領域としてのスポーツとを区別することは現実に重要であり、意味のあることなのだ。人は仕事を行うという日常行為の領域においてもなお、場合によってはスポーツ機能と解釈を認めている。ドイツのアウトバーンでは、しばしばこのようなことが起こる。それは、特殊な「スポーツ仕様」の車に乗っている時に、スポーツ的なレースの要素を運転に持ち込むという認識に基づいた行為である。

この解釈のパースペクティブを取るための必要不可欠な条件は、決められた行為を行うことのルールを含んでおり、それはしばしば否定的な表現で定義されている。例えばボクシングのパンチはリングの中にあるべきであって、フットボール場にあってはならない。決められた時空間の限界（フットボール場や競技の時間）があり、これらが一緒になってスポーツ行為の構造を確かな固有の世界或いは自己充足の世界にしている。当然そこにはスポーツ行為として解釈され得るような運動があらねばならない。従って、運動系列の特質から完全に「独立しているもの」は、「スポーツ行為の定義」にはなり得ない。確かに定義はまず第一に、「個々人の観察のパースペクティブ」から生じる。しかしながら、個別的であることは、前に述べた車椅子選手の例に見られる特別なパースペクティブを受け入れることである。

解釈のための見地の選択は、スポーツ種目についてのありふれた知識に基づく記号によって、一般的に容易にされる。定義は社会的に条件付けられ、種目を良く理解することによって得られる。われわれはだれかが長い棒を投げるのを見て、なぜそれがスポーツだと判断するのだろうか。状況の特徴、行為連関、行為の遂行、時空間の制約に基づき、さらに槍投げ種目に関する知識を動員して判断するのである。「スポーツ的機能」を持つ投げは周囲によって信号化され、そのことは行為形式とわれわれの知識の制度化に基づいている。このことは、解釈される行為者と同様観察者に対してもあてはまる。

立場を選択することによって、又は新たなパースペクティブを取ることにより、スポーツ行為或いはスポーツの達成が立ち現れるというこの考えは、ゲバウアーによって初めて展開された。彼は次のように述べている。

「われわれがある行為を《スポーツ的な》行動として観察する時、われわれは同時にある特定のパースペクティブをとっているのである。従って、スポーツの対象は運動系列ではなく、新たな構造であり、それは行為状況の特定の特徴を際立たせ同一視できるようにする。この事象は、抽象化の過程である。スポーツ的な活動は運動系列の新たな構造を通してスポーツ現象の『表出』中に生じる。このようにしてスポーツ活動は、ある特定のスポーツ選手が産出した『作品』として、置き換えられようのない同一性を獲得する。幅跳びは、着地した瞬間に消え失せるものではない。四年前に競技がなされたとしても、幅跳びはさらに続いて存在し得る。幅跳びは『精神的なもの』である。スポーツの対象は『作品』の状態を同じように持っているので、美的対象と似ている。両者は同じ過程で起こるのである。すなわち『表出』における構成の経過によって生じるのである。美とスポーツ現象のシステムは、それらが《記号体系》であるということからして、『現実』そのものではないのである。

## (8) 公表されるもののみが存在するのだろうか

スポーツの跳躍は一体、公認の解釈なのか。確かに「幅跳び」という言葉は曖昧である。すなわち跳躍そのものは解釈の視野のもとで成立させられるが、仮にスポーツの対象物として一回きりの運動遂行とは異なるとしても、跳躍として運動系列から切り離すことはできない。メキシコシティーで行われたオリンピック大会で、八メートル九〇センチを記録したボブ・ビーモンの幅跳びは、世紀の跳躍と呼ばれているが、もはや現実の出来事として存在しない。それは知識、写真、観念、記録映画による抽象的イメージ、記録等としてのみ存在する。跳躍が存在し続けるのではない。跳躍の写真やそれに付随する精神的事柄が存在しているのである。スポーツの対象はそのようなものとして抽象レベルでのみ理解すべきであるが、その行為すなわち出来事としての跳躍それ自体は、抽象レベルと明確に区別すべきである。当然のことながら、抽象的な対象は行為の出来事自体無しには存在しない。いずれにせよ、通常は存在しない。しかし、行為の出来事はスポーツの働きをする解釈がその出来事に組み入れられることによって、初めてスポーツ行為になる。

ここで当然のことだが次のような疑問が起こる。それはスポーツの行為が現実に見せ掛けられたものとなり得ないのかどうか、という疑問である。一九〇四年のオリンピック大会では、ローツというアメリカのマラソン選手が、一五キロメートルの地点から三三キロメートルの地点まで自動車に収容された。しかし、それにも関わらず、元気を回復すると再び競技場を目指して走りはじめ、名誉ある勝利者となった。スポーツ行為は人をだまして見せ掛け得るのだろうか。今日の専門的種目において、最高の成績を得るための絶対的条件とされているドーピングによって最高記録が樹立されるのはどうだろうか。

これと関連して、一九二四年にマロリーが行方不明になる前に、果たしてエベレストの頂上征服を成し遂げたのかという疑問もある。ここに、残念ながら公式記録になり得なかったために、スポーツの偉大な出来事と認められない行為現象があるのだろうか。現実に公式記録があって初めて、行為のスポーツ性が形作られるのだろうか。出来事は、公表されてはじめて起こるのだろうか。記録は公の承認無しには存在せず、記録の基になる行為も同様に、公の承認無しには存在しないのだろうか。メディアの支配は、最初に公表されたイメージから本来の出来事や行為を再現し、作ってしまうところまでには至っていない。マロリーは、エベレストの山頂をまさしく征服したのであろう。それどころか、そのことは以下の理由で疑いえないことである。なぜなら、山頂に近いところでマロリーのピッケルを発見した人がいたのである。われわれはそれを知らないだけである。

## (9) 美的スポーツと目的志向のスポーツ

イギリスの哲学者デビッド・ベストは、スポーツを舞台芸術として把握することに批判を向けた。彼はフレシネが書いた本のことを残念ながら知らなかった。しかしベストの本は本当に良く書かれている。それは、この問題に関する分析哲学の従来のアプローチを踏まえて書かれたものである。仮にベストが様々な観点で一時的に誇張して表現したり、誤りのある根拠付けを行っているとしても、彼自身の判断に基づき、多様な観点から分析しているという点では当を得ている。

ベストはスポーツの運動を、周囲の状況と社会的な状況の文脈の中へ埋め込むことによってのみ、特徴が表され理解されると考える。美的判断は彼にとって、知的内容を解釈する方法として有効なのである。ベストは、「目的のある」スポーツと「美的な」スポーツの決定的な違いを明らかにしようとする。彼はどのように演技がなされたかを観察する方法に従って判定が下される種目――例えばフィギュアスケート、体操、トランポリン、飛び込み、新体操、シンクロナイズドスイミングなど――を「美的スポーツ種目」と呼んだ。この場合の成績は美的な尺度に左右される。美的な基準は、表出の理解に含まれている。体操競技や飛び込みでは、「跳躍」の表出をめぐって判定が行われる。一方で、大多数のスポーツ種目は測定可能な結果を指向する。従って、それらは美的でない。もっとも、美的スポーツ種目でも競争は必然である。ここでも勝利を得るための標的は存在する。それでもやはり、仮に美的スポーツ種目において特別に高い達成に至ろうとするならば、演技の質を軽視したり度外視することはできない。体操競技の跳馬では、跳躍の仕方が評価と成績に対して決定的な要素となる。これに対し陸上競技では、跳躍の距離や高さが重要であって、正確な跳躍がどのようになされたかということには関係ない。

美的評価は運動の効率や運動の滑らかさとも関係が深い。測定可能な結果を指向するスポーツ種目の場合がそうだ。人はそのスポーツ種目を、美的に評価することもできる。ローマオリンピックの陸上競技の跳躍で優勝したヴィルマ・ルドルフは、本当に美しい走り方をした。彼女の走り方はガゼルのようだった。陸上競技でも競歩は余り美しくない。水泳のバタフライはクロールほど美しい泳法ではない。しかし余り美的でないスポーツ種目でも、人はいくぶんか美的性質を顕在化し得る。このことは、スポーツの美的評価がそれぞれのスポーツに見られる特殊性に依存していることを示している。ベストは次のように考えている。「ある特定の運動は、最終的な成功のために最も経済的かつ効果的とみなされる方法で均整のとれた構成がなされ、しかもそれらが行為全体の中にバランスよく位置づいたときにはじめて、美的であるとみなされる」。教育哲学者のデビット・アスピンは、より多くの美的特徴をスポーツに見いだした。彼はその価値を「美しい、優雅、優美、エレガント、活力のある、巧み、機敏、無駄のない、効率的」などと呼んだ。

ケーリンやブルクのようなスポーツ科学者の多くは、美的理念への方向を——例えば素晴らしいゲームというように——スポーツの中に認めているし、或いは「美的活動」というようにスポーツを美的現象と見なしている。しかしながら彼らは、スポーツを一般に表現芸術の異形とはしていない。

　美的スポーツ種目には、結果に至るための手段および方法と、目的自体とを区別することが不可能だという意味で類似点がある。しかしそのような理由でわれわれは、ベストと同様に、そのような種目を「芸術形式」として理解するようなことはしない。なぜならバレエとは異なって、これらの種目には絶えず外見的に規定可能な目的が与えられるからである。さらに重要なのが、次の二番目の根拠である。すなわち、スポーツは確かに美的ではあるが芸術的ではないということである。「芸術的なるもの」は、「美」の亜種である。芸術なるものは意識的に作られる芸術作品に向かっている。美的価値の一般的付与は、明らかに芸術作品の特徴付けとは異なっている。日没、山、少女は、人が芸術作品と見なくとも美しい。ベストは、スポーツについて——とりわけ結果に方向付けられたスポーツ種目については——芸術性が決定的に重要であるとは考えていない。「なぜなら多くのスポーツ種目の主要目的は、明らかに美を享受するための上演をすることではないからである。美は偶然のものである」。スポーツにおける美なるものは、「勝利への努力の副産物」でしかない。それについてエリオットは、「スポーツの女神は美ではなく勝利であり、その嫉妬心を持つ女神は絶対的献身を求める」と述べている。オリンピックの女子走り高跳びで優勝したマイファルトも、美しさと優雅さのトレーニングをしたかという質問にこう答えている。「それは重視していませんでした。われわれは合目的性、合理性にのみ注意を払い、ひいてはとにかくいつもと同じようにバーを飛び越すことにのみ注意を向けます。従って美は一種の副産物なのです。しかし、調和と合目的性は、互いにそれほど離れているものではありません。というのは、私が何か余計な動きを行うと私の跳躍はもはや美しくは見えないし、バーを飛び越えることもできないからです。」。同じインタビューの中で、次のようなことも強調している。「もし力強さというものを正確に測れるならば、そこにはスピードと同じように優雅さが含まれています」。

もし、ベストがスポーツは芸術の一種であるという単純な分類の主張を批判しているならば、事実、彼の批判は正しい。けれども哲学的に見ると、スポーツは芸術の一種でないとはっきり主張するのであれば、自分の批判の犠牲となる誤りにはまり込んでいる。スポーツは芸術であると主張する多くの著者と同様に、彼もまた、ある類概念を他の類概念の下に包含し、単なる結論を本質と同一視する傾向に陥っている。これではまったく実りある見解は出ない。さしあたって、スポーツは本質的に芸術ではないとしておこう。誤った結論は誤った前提から出てくるのだ。この点について、例えば次のことを指摘できる。

ベストが「芸術」の名称を、もっぱら「芸術なるもの」の作用に支配されている活動や現象のみに用い、言葉を制限的に使用することで他の対象に用いないのは疑わしいことである。この意味において、建築はベストによれば芸術とは見なされないであろう。しかし、建築は芸術的ではないのか。人は、全く不合理な分類をせずに概念的定義が非常に厳密になされるならば、並外れた芸術的なものを建築に認めている。これはボクシングと同様、芸術についても当てはまる。

スポーツは、より厳密な方法で他の類概念の外延へ組み入れられるような実在性が、芸術と同様に乏しい。従って消極的な見方をすれば、スポーツは芸術なのかどうかが問題なのではなく、芸術の徴表を解釈モデルとして用いることによって、スポーツの特徴がより良く理解できるかどうかが問題なのである。

## ⑽ スポーツに生の問題が反映しているのか

ベストは次のような主張をする。いかなる芸術形式も、「生の状況、深刻な生の問題を映し出す」可能性を有する点に特徴があると。ただし、これは美一般に当てはまらない。スポーツ——美的なスポーツ——は、深刻な生の問題を反映したり表現したりする可能性が閉じられており、それゆえ芸術形式とは異なるであろう。しかし、スポーツ的競争の解釈を、人間の根源状況の神話的反映から展開しようとするならば、次のようにはっきりと言うことができる。すなわち、スポーツの競争もまた、生の特徴と問題を反映し得る。それはボクシングやランニングについて明らかである。例えばボクサーは、特別な攻撃性とそのスポーツを選択したことによって、生の根源的問題に対する自己の見解を表現することができる。

それぞれの芸術形式が深い生の問題へ関連する可能性くらい持つべきであるとの主張に対しては、議論の余地がある。抽象的で具象的でない芸術について、人はどうしても生と芸術との関連が「芸術概念の本質的要素」かどうかを疑うであろう。仮にベストが、深い生の問題の表現を芸術の必要不可欠な徴表にし、スポーツについてはそれらの可能性を否定しているのならば、あまりに狭い芸術概念とあまりに狭いスポーツ概念を仮定しているように思える。

一九八四年のオリンピック科学会議の時に、ベストが芸術の特色を示すものとして主張したことは、芸術はある文化的連関の中に、つまり伝統の中に組み入れられるということである、これは芸術だけでなく、多くのスポーツ種目に関してもあてはまるだろう。多くの種目は、その起源を民族遊戯、慣習、伝統的な日常習慣に持っている。制度は絶えず文化的伝統と慣習によってもまた跡付けられる。このことは、解釈によって初めて理解される。その限りでは、選ばれた解釈の視座の下でスポーツと芸術の類推をすることは、全く意味のあることである。

## ⑾ 一流の競技者による観点の修正

美的スポーツを行う選手の考えはまちまちである。ペギー・フレミング、ジョン・カリー、トラー・クランストン——彼らはフィギュアスケートのメダリストの中でも卓越した存在である——は、フィギュアスケートは芸術だという。であるかもしくは、芸術へと近づけられるべきであるという見解に立っていた。一方、一九八四年のオリンピック大会で優勝したスコット・ハミルトンは、競技性を強調した。「私は芸術的要素を変えようとは思わない。競技的要素を強調したいのである。フィギュアスケートをスポーツではないと思っている人は大勢いる。彼らは筋力、持久力、躍動感、技術的難度の役割をないがしろにしている。私は他の種目の選手と同じ競技者である。私は単なるダンサーではない」。

　アメリカのスポーツ哲学者スペンサー・ワーツは、このハミルトンの例を根拠にして、ベストはスポーツ概念の変遷を無視していると考える。例えば今日、アイススケートは以前より競技性が強くなったと考えられている。美的なものと芸術的なものを厳密に区別することが、スポーツ内に影響を及ぼすわけではない。そのような区別は、スポーツの潮流を把握することにあまり役立つとはいえない。一九六八年のオリンピック冬季大会でのフレミングの演技は、芸術点で特に高い評価が与えられた。これに対し一九七六年のクランストンは、彼があまりにも意識的に芸術的に演技をしたので、非常に低い評価しか与えられなかったように思える。

　各種目の超一流選手は、自分の考えと意図および目標設定を伴った自分独自の革新によって、それぞれのスポーツ解釈をすべて変える可能性がある。彼らは審判や観客の態度も左右する。従って、分類と定義の為には、新たな意図をも制度と状況にはめ込むことが必要なのである。「原著者であることは所定の行為状況を形作る慣習と制度に寄与する」と、ワーツは考える。「スポーツが芸術であり得るかどうかということについての決定は、状況の変化に依存する出来事であるべきもののように思える」。つまり諸個人（一流の競技者）が彼らの演技とその評価を変えることで、スポーツを芸術として解釈できるかの決定を行っているのである。一般に、意義あるものと受け入れられるためには、原作者の新しい意図が、達成の中にぜひとも目に見える形で表現されねばならない。それは、相互主観的にすぐ受け入れられるように明らかでなければならない。美的スポーツ種目における新たな様式は、最初に存在を主張しなければならない。新たな様式は常に一流の競技者によって作り出される。制度、一般の解釈、評価などは、様式が作り出された後で、ようやくそれに従うのである。

## ⑿ アナロジーの有効性

私は芸術性・美・競技性を、それらの内包と外延の違いをことさら厳密に区分することなしに用いることができると思う。芸術性や美や競技性などの概念は、抑制され相対化された言葉遣いがされることで、ある現象に対して異なる解釈を示したり、アナロジーを捉えたり役立てたりできるのである。もしだれかが、フィギュアスケートにおける芸術的アクセントを強調し、発展させることを強く提案したとしても、フィギュアスケートを今後スポーツではなくて芸術にすぎないと解釈してはならない。概念は、たとえそれが重要で欠くことのできないものであるとしても、弁別の目的で使うべきであり、至る所で厳密に探るものではない。

スポーツと美的芸術との間のアナロジーは、実りあるものに限るべきである。しかしながら、アナロジーの有効性は一組の比較のみでなく、複数の関連する比較にも及ぶのである。

## ⒀ 一般教養

次に、スポーツは八番目の教養であるという命題について考えてみよう。スポーツにおける競争や運動を美的芸術の一つとして考えることができないとしても——部分的な一致はあるけれども——スポーツを「教養」とする理念は全く退けられる必要はない。

自由学芸は、美なるものと並んで古代より存在する。その数は七つある。スポーツは八番目の自由学芸だと考えられるのだろうか。

哲学者プラトン、雄弁家イソクラテスにとって、後に自由学芸と呼ばれたものは、「教育と結び付いた」ものであり、自由市民の教育、とりわけ分別と倫理的振舞いの訓練のための規準のことである。それらは初歩の哲学教育に用いられ、詭弁家ヒッピアス・フォン・エリス以来、教育プログラムの基本と見なされるべきものであった。アリストテレスにとって、「そのような自由或いは不自由なすべての活動は」重要でなくなっていた。自由市民の教育において人は、徳の陶冶と教育に捧げられる「有益な活動にのみ加わる」べきであるとして、アリストテレスは読み書き、体育、音楽、図画を挙げている。

この技能を「教養七学科」、すなわち「自由学芸」と呼んだのはローマ人だった。ヴァルローは陶冶方式のこのつながりを、一般教養百科全書にまとめあげた。自由七科の下位の三科目（いわゆる三科）は、文法、修辞学、哲学（論理学）だった。それは特に、悟性を育んだり目に見えないものを把握する能力の養成に役立つ。自由七科の上位の四科目（ボエチウスによると四科）は、より具体的な内容に方向付けられた行動であり、算術、幾何学、音楽、天文学をいう。それは世界内の自然や神を知るために使われるべきものであった（そのようにプラトン、ヴァルロー、アウグスティヌスは書いている）。ここで問題にしている「学芸」という表現は、ギリシャ時代は「テクネー」と見なされたものであり、マスターすべき行為方式或いは行為の能力に関して教えられ、学ばれるべきものとして理解される。

興味深いことに、体育はプラトンだけでなくアリストテレスにとっても、生活に必要な技術を身に付けるために必要不可欠な教育的手段だった。プラトンにとって、健康、勇気の鼓舞、魂の教育は前景に位置していた。古代における知識理解は理論に偏ったものではないので、明らかに体育をも公然と、自由学芸として認めていたであろう。体育は実際に教育規準の主要部分であったし、最終的に教育制度の発展にも貢献した。「ギムナジウム」という言葉は、今日でもなお、そのことを示している。プラトン自身、イストミアの競技祭で松の冠をめぐって戦ったレスラーであった。南部イタリアのクロトン出身のミロンは、古代オリンピアで最も活躍した競技者であり、同時にピタゴラスの弟子で自然哲学に関する幾つかの本（残念ながら失われてしまっているが）を書いた。ソクラテス自身も、古代のトレーニング場であるギムナシオンで討論を行った。

ヨーロッパにおける大学の設立と同時に、「自由学芸」は学芸学部に包括された。そこでは体育は欠けており、明らかに規準には属していなかった。体育が自由民の主要な教育手段として有効であるということは、古代の状況により完全に明らかであるように思える。そして、そうすることは方法的な長所を持つであろう。つまり自由学芸に関しては、種々の行為力と技術の習得が重要であり、それらは後に自由市民として行動するために不可欠な条件や、訓練されるべき要素を含んでいたのである。

もちろん、この能力に関しては次の二つの点が強調されるべきである。一つは、行動方法や身体の機械的な反応のレベルを超えて、生活実践の知識に基づいていること。そして次に青少年期を過ぎてもこれらはひき続き育まれ、発展されるべきであるということである。このことはまた、基礎的な身体並びに精神的能力や生活技術を身につけることが、スポーツ的或いは体育的な活動によってのみ訓練され発展され、維持され得るということにも当てはまる。そして今日、生涯にわたって続けられるような「ライフタイム」スポーツ種目について論じられている。われわれはこの中に、生涯教育過程の構成要素としての、スポーツの価値を見出すことができる。

スポーツと体育は――他の自由学芸もまた同様に――学校で行われ、伝統的なスポーツ教育学が行ったような、成長に結び付けられる教育手段に還元すべきではない。スポーツと体育でつちかわれる能力は、単なる教育の道具以上のものである。それらは一般的な生活技術、生活実践の「しかた」を超えてあるものであり、成人の訓練にも必要とされるものである。この身体ならびに精神的能力は、それに結び付けられた立場と行動習慣とは切り離せないものであり、健全な生活と生活術の構成要素である。スポーツは単なる教育以上のものである。そしてそれは達成スポーツに限られるものでもない。

## ⒁　スポーツ—それは八番目の自由学芸である

以上、これまで論じてきた「Kunst」概念の下に古代の自由学芸を理解すれば、我々は命題を次のように表すことができる。スポーツと体育に関する能力は、八番目の美的芸術として解釈することはできないが、八番目の自由学芸だと解釈することは可能であるし、実り多いことでもある。「八番目の自由学芸としてのスポーツ」は新しい命題である。この命題はスポーツ、身体訓練、身体教育を芸術の分野へ美的なものとして組み入れようとする伝統的議論に対して、新たに変化させたテーゼである。

この考え方は、高い能力や特に優れたスポーツの才能と結び付けられてはならない。教養人或いは自己教育を目指す人というのは、能力を身につけ、ある技術をマスターすることに成功する人である。書くことを専門にする人が著述家とはならないし、走る人がオリンピック選手とは限らない。自由学芸は皆のために存在し、特に高い能力に限られたものではない。それは万人に身近なものでなければならない。万人のために、運動とスポーツの領域が開かれるべきなのだ。そして自由学芸は、欠くことのできない行動型、教育手法としてすべての人に対して有効である。その限りで自由学芸は、競技スポーツと大衆スポーツの溝を埋める。この意味において、自由学芸としてのスポーツの目的とその目指すものは、競技スポーツの課題にはるかに優るものである。それは、すべての人の健康に開かれているのである。

それに今日、「Kunst」という言葉は広い意味で教養を意味するようになった。ヨゼフ・ボイエスは、人間には「教養人」の素養があると述べ、創造的で内発的に動機づけられた行為の可能性へと絶えず目を向けるような「学芸人」としての要素を、全ての人間に認めている。「どんな人間にも能力がある。人間は自己決定的存在者であり、現代における全くの主権者である。人間は教養人である。ごみ回収業者、看護人、医者、エンジニア、農夫など、立場は違えども、彼ら一人ひとりが学芸人である。人間はどこで自分の能力を発揮していようと教養人である。私は、機械工学よりも絵画の方がより教養に富んでいるなどというつもりはない」。

スポーツの領域は、各人の創造的な行為を可能にする。しかし、ボイエスのように、各人の（創造的な）行為を「教養」や「美的芸術」として解釈できるのかどうかとの問題は残っている。

スポーツを自由学芸に含める長所は、伝統的な教育システムの主知主義的解釈の反証になる点である。身体教育およびスポーツと見なされるものは、音楽や芸術的な教育と見なされるものと同様に、美および他の自由学芸によって必要とされるものである。たとえスポーツが芸術に従属すると主張すべきでないとしても、一方で芸術の美的解釈およびその一般的な美的機能と、他方でスポーツの美的解釈を類推することは有益であり得る。アナロジーを行うことが、スポーツと美的芸術の良く知られた特徴的差異を否定することになるわけではない。しかしまた、類似性の方でも差異を排除してはならない。従って、仮に美が前景にありながらも、美が決定権を握っているほどではない美的スポーツ種目や芸術的に評価される現象があるにしても、スポーツは美的芸術に対して独自の領域と見なされる。自由学芸の行為形式の下では、スポーツは第八の自由学芸として把握される。

# 7　真の大衆学芸

『みんなのスポーツ』は有意義なプログラムである。これは一九七〇年代にドイツスポーツ連盟が作成したプログラムである。それは豊富なメニューから成っている。当時は、余暇スポーツと大衆スポーツが「生活の質の向上」に大いに役立つという理由から、「余暇政策のコンセプト」の重要な一環として強調された。余暇スポーツと大衆スポーツは、自己実現したり生活の喜びを促進するための「余暇生活の過ごし方」を提供する。さらにスポーツは「運動不足の予防と解消」として健康に役立ち、「活力などを維持し回復する」のに役立つ。大衆スポーツは、触れ合い、出会いや「社会参加」という意味での「社会的価値」を実現する。自分独自のスポーツ活動は、自己形成や創造性を育む際に不可欠な根源的経験と可能性をもたらすがゆえに、「教育的価値」を持つ。固有の達成が適切かつ魅力的な形でなされる時に、それを通した自己体験は本質的なものになる。

もし万人にとって八番目の教養が有効であるならば、それはスポーツ種目や規則、参加者のレベルに応じて多様な選択肢をそろえた万人のスポーツプログラムの中で、実現されなければならない。八番目の教養は万人の理想的な術――国民の教養――となる。

国民の健康――身体的にも精神的にも――と誰でも参加できるという点では、余暇スポーツと大衆スポーツは、少数の人に門戸が開かれているスポーツと同じように大変重要であろう。

これはスポーツ連盟傘下の組織が――多くは健康関連組織と共同して――各州でキャンペーンや普及活動を繰り広げ、プログラムを提供しながら実施してきたことである。そのために「スポーツによるトリム」運動は一九七〇年以来、ずっとその活動が認識されてきた。旧西ドイツ人口の九四％はトリムゲーム、トリムトラープ、ラウフトレフ、ゲームフェスティバル、スポーツバッジ（メダル）を知っているのである。スポーツ連盟の統計によると、スポーツへの参加率は、一九七〇年には二五％だったが、一九八二には五〇％に増加した。これまで一五〇〇万人がトリム運動を通じてスポーツをしたことになる。

四年ごとに特に重点を置くテーマが設定された。一九七〇年代後半は『一緒に遊ぼう』がテーマだった。最近のテーマは『スポーツと健康』で、『運動は最良の薬だ』という標語に基づいて『トリム一三〇』（一九八三年～一九八六年）が行われている。まさに現段階では病気の危険を少なくし、スポーツ活動を適切に促進するために、わかりやすい方法によって「簡単な手だてによって」、より活発な、身体的自己達成と結びついた活動的な生き方を宣伝している。『トリム一三〇』は健康のために有効で、遊戯的な色彩の強い余暇スポーツのプログラムである。それは一分間の心拍数が一三〇程度の運動を十分間ないしそれ以上行い、多くの筋肉と関節を使い、そして少なくとも週二回の運動によって、運動時間の合計が最低六〇分に到達することを目安にしている。この運動をすれば心臓の機能が良くなり心筋梗塞を防ぐことができるし、血圧も下がり動脈硬化を予防することができる。つまり良好な健康状態を長期間保つことができる。スポーツ医学者はこのように言っている。また、これによって減量でき、体重を安定させることができる。胴や手足がより柔軟になる。つまり、筋肉コルセットがより強化される。最終的にはストレスに対する耐性が高まり、精神的にも或いは他人と出会う場合にも、積極的な（平常の）精神状態になるはずである。また自己有能感も高まるはずである。このプログラムでは、全力を出すことが要求されない。むしろ気楽さや、ほどよさに気を配ることを奨励している。それは、持久走、ジョギングによるクロスカントリーからカヌー、クロスカントリースキー、アイススケート、ダンス、エアロビック体操などにまで及んでいる。トレーニングの状態、発育の程度、年齢や過去のスポーツ経験に応じていろいろな運動が勧められている。

参加目標は、ドイツ連邦共和国人口の二分の一にあたる三千万人である。また健康的で、積極的な、しかも適度な生活習慣の実現に寄与することも期待されている。このスポーツ奨励策は、喫煙やアルコールに対する嗜好、或いはストレス耐性を高めるなど、生活習慣を変えるための鍵に他ならない。「みんなのスポーツで生活の質を高めよう」。私がこれまで所属し、作り上げてきたスポーツ連盟の科学諮問委員会は、一九七一年の「スポーツでトリムをしよう」という運動に関する覚書を、次のように短く公式化している。「スポーツは生活する上で重要である。それは余暇（自由）時間を満たし、健康を維持し、社会的な交流を促す」。

人は自分自身の活動の本質的な意味、つまり行為の中での自己確証、さらには新しい運動形式、確証形式、そして遊戯形式の形成と体験による世界の開示などをさらに付け加えているので、その個人的なスポーツ活動は自由時間、健康、社交に対する作用以上のことを意味の上で獲得している。自分のためのスポーツは調和的で活動的、しかも生き生きとした張りのある生活を達成する教養の術の一つである。

スポーツを奨励するための同様のプログラムが諸外国でも人気を博している。例えばオーストリアやスイスではゲーム・フェスティバルがフォルクス・フェスト（国民祭）になった。カナダの『PARTICIPACTION』という活動は「自らやろうと考えるだけではだめです。最後までやりましょう」という要求を中心に置いている。

チェコスロバキアでは「一〇〇〇人の参加者ための一〇〇の行事よりも、一〇〇人の参加者のための一〇〇〇の行事の方がすばらしい」というモットーの下で、「リレー形式の水泳」や「リレー競走」が好まれている。

西ドイツでは「ラウフトレフ」と「トリムトラープ」のネットワークとして最近スタートした「トレフプンクト・システム」（溜まり場）が「ギムナスティックトレフ」、「シュビィメントレフ」、「ラトファールトレフ」によって補充された。

フィンランドは、行事への参加という点では、ある種の世界記録を保持しているようだ。総人口四八〇万人の内の三〇〇万人以上がオリエンテーリングに参加しており、また毎年一二〇万人以上がクロスカントリースキーに参加している。

イギリスではスポーツ奨励の照準を五〇歳以上の人（キャンペーン五〇）に合わせている。またアイルランドとポルトガルは「女性がもっとスポーツに参加すること」を目指している。

アメリカ合衆国では、ここ数年、フィジカルフィットネスとスポーツに関する大統領の勧告、ならびにレクリエーション公園協会によって支援されたフィットネスブームとランニングブームが起こっている。今後さらに、フィットネス・アカデミーが設立されるはずである。

音楽を補助的に利用した体操、エアロビクスやジャズ体操、『ダンササイズ』（カナダ）ジョギングとディスコを組み合わせたものが、最近では人を引き付けている。現在なお長距離走やジョギングが第二位につけており、それらの走りは「楽しく走る」おもしろさを生み出している。市民マラソンや都市マラソン――最近では積極的な参加と熱心なトレーニングがなされている――トライアスロン競技（その時々で一定の距離に基づいて行われる水泳、自転車、走）に大きな人気が見られる。また、競い合って走るのかそれともゆっくり走るのかに関わらず、サイクリングもますます人気を博している。一般的にこれらの増加傾向は、耐久的なスポーツ種目や有酸素系のスポーツ種目にみられる。ゲームフェスティバル、ならびに勝者と敗者の区別がなく、競争もまったく、或いはほとんどないコミュニケーション的（要素を持つ）遊戯が多くの国で一定の成果を上げている。しかしながら、自然スポーツ、戸外（野外）スポーツ、そしてまたラケットゲーム（テニス、スカッシュ、卓球）も同様に増加している。

ドイツ連邦共和国は、余暇時間に行われるスポーツが盛んになった国の中で、最も爆発的な増加をした国である。「みんなのためのスポーツに参加する人の増加率」――ユルゲン・パームが最初に主張した――は、ここでは「財政、設備、人的条件を改善しなければならないほど高く」なっている。過大な負担、財政問題、マスメディアの反響が不十分な点はかえすがえす残念である。パームは、「みんなのスポーツが国際的現象になり、現代におけるスポーツの急速な発展要因になったのは疑いもなくここ十年の間にすぎない」と推論している。

万人がマスターできる自由学芸として、個人的な行為や達成の分野として、大衆スポーツと余暇スポーツは大衆の人気を獲得している。根本において余暇スポーツのこのような現象は、受動的で代理化された単なる消費的共同体験や消費志向に対する反作用であるように思える。余暇スポーツをすることで、人間は活動的で固有の達成をなす存在になり、計画に沿って意識的に生き努力する限りにおいて、人間はなまけもの天国の文明における受動存在を埋め合わせる術を、身体的観点のみならず精神的意味合いにおいても必要とするのである。危険、冒険、活動的投入による追求は目立って増大した。自ら引き受けた自由意志による独自の活動がないならば、生は単調な性格を帯びたものになろう。

固有の達成は、受動的享楽よりも重要なものである。独自の達成に伴う喜び、活動の喜びは、固有のものである。「われ行為する、ゆえにわれあり。私は何かを成し遂げ、私個人にそれを請け負い、それによって私は存在している」――この言葉は、「われ思う、ゆえにわれあり」という一面的で伝統的な西洋の自己理解と同様に重要なものである。デカルトが述べたように私は考えることにおいてのみ存在するのではなく、独自の行為においてもまた存在するのである。「われ走る、ゆえにわれあり」、「われ泳ぐ、ゆえにわれあり」――身体的投入を含む独自の行為を表すこのような言葉もまた、自己を表すのに適した言葉である。それらは今日の世界において、いわゆる特別な時事問題性を得ている。そしてこれは、固有の活動に至る術を示すスポーツ、すなわち第八の学芸に対しても当てはまるものである。

## (1) 平凡な人のオリンピア

『平凡な人のオリンピック』――スポーツ憲章はこう呼ばれた――という標語は、何はともあれ、魅力的である。この標語は、通常行われている多くの運動――例えば短距離走や跳躍をはじめとして――が、高齢者には「生理学的に」無理があるので薦められないとしても揚げるに値する。それゆえ、ここではトレーニングによって習得可能であると算定された持久運動よりも、能力に基づくさらに弱い運動に焦点を当てるべきである。例えば、サイクリングの二〇キロメートル走、一〇〇〇メートルの水泳、距離スキー、ボート、長距離走などはスポーツ的な観点から見て持久運動のみであるとの理由で、跳躍力と瞬発力の組み合せよりも、高齢者に大いに奨励できるものと見なすことができるであろう。今日のスポーツ医学の知見と健康に対するトレーニングの作用、さらに自ら駆り立て努力する達成の長期に渡るトレーニングによる心理的影響をも考慮に入れると、現在もなお用いられているスポーツ憲章の規定は恐らく誤った所に力点を置いているのである。柔軟性と多様性は、生理学的に重要な基準においてもまた要求されて良いし、要求されるべきである。しかし、生理学的知見に基づく年齢に応じた適用は重要なことである。その上で「すべての人のためのオリンピック」がその課題を満たしてはじめて、故障や怪我で汚されることのない、生理学的にも国民的健康にも価値のある独自の達成に伴う喜びが存在するのである。ドイツスポーツ医学連盟会長であるホールマン教授は、今まで目立った結果は出ていないものの、すでに十年来このことを必要視してきた。

『ラウフミット』『ラウフトレフ』『トリムトラープ』『トリム一三〇』などの活動は、もはや全く若くはない通常のスポーツ選手における個人的能力を測る手段として、非常に適しているように思われる。事実、われわれは持久トレーニングのブームを体験している。つまり、大衆的なランニング、ハイキング、サイクリング、ノルディックスキー等が、最近十年間の間に爆発的に広まったのである。トレーニングによって達成に至ることのできる個人のオリンピックは、広い層の大衆によって引き受けられた。総じて、健康に対する傾向は増大する健康意識を示している。われわれは「抜け目のないものは持久力を鍛える」という言葉を、「抜け目のないものであれ。すなわち持久力を鍛えるのだ」との言葉に両義的に変えるべきである。

しかし多くの人がこの点に関しても度を過ごしたり、正しいとは言えない基準を与えられている。これは多くの中年の人たち、経営者、野心のある中間層の一員にも当てはまることである。トレーニングが十分体系的に構成されていないことから起こる過負荷と、やり過ぎの危険を否定することはできない。

仮に、時間のない名うての経営者が自己の体力とスポーツ能力を知るために、年に一度の市民ランニングと距離スキーにすべてをつぎ込むとしたら、無分別と無責任な自己危険の限界を超えているのである。トレーニングと適度な訓練をしないなら、せいぜい自己欺痛に陥るだけである。次に挙げる二つの例がこれを表していよう。

**事例1**

敏腕の保険ブローカーとして活躍している男（三八歳）は、医者に運動を勧められていたので、親友の家で競技用の自転車を見て、早速、数千マルクもするプロフェッショナル競技用の自転車を買った。発車は救急車に乗って終わった。医師の診断は循環虚脱症である。

**事例2**

アメリカの工具会社のドイツ代理人（四四歳）が友人に対し、スキー六〇キロ走の五日前には毎年今年こそやり遂げようと思うのだが未だにやり遂げられない、と語った。彼にはトレーニングをする時間がないにも関わらず、毎年の能力テストを受けたがっているのである。しかし、その間に彼はおそらく年をとってしまうだろう。

**エバーシュペッヒャー（この事例の報告者）のコメント**

「二つの出来事には共通の本質がある。仕事で成功している両者は、スポーツとは異なる他の規範に服従しており、その規範が彼らを誤った期待感を満たすことへとそそのかし、頭脳と理性が彼の身体に対し過度の達成を強いたのである。彼らは、本質的に仕事を成功させるための尺度に従っている。すなわち、勝利、経済性、意志、業績、達成等を呈示する尺度である。つまるところ、それらが職業的な要求をスポーツにおいて倍加させている。仕事とスポーツは全く異なる。仕事に関して言えば、彼らは普段から規則正しく行っており、その点でよくトレーニングされており、強い負荷にも耐えられるのである。二つの例には共通して、スポーツでの楽しみを台無しにしてしまう方法が描かれている。スポーツ活動は、しっかりした動機に基づいていない場合、そのつど非魅力的な結果となり得るのである。その際、スポーツへの高い要求は、普段からトレーニングをしているか或いは常にトレーニングをした状態のもとでのみ許されているのである。しかし、高い達成要求が始めにあってはならない」。

もし、余暇スポーツや息抜きのためのスポーツが競技スポーツのように解釈されるとどうなるだろうか。そして仮に、レクリエーションスポーツを行おうとする人が体力の現状を正しく認識せず、また計画通りに行わず、自分の体力やスポーツ能力を過信し、過度の負荷をかけるようになるのであれば、レクリエーションスポーツを行うことは義務になり、その有効性よりもむしろ弊害が目立つようになってしまう。レクリエーションスポーツがあまりにも競技スポーツとして推し進められ、苦しんでジョギングやトリム運動をするようになると、過大な要求、怪我、循環死などの結果が起こると予想される。見誤った野心は、レクリエーションスポーツを的外れなものとする。

ジョギングの波は、風変わりでナンセンスな行動を生み出す。距離の長さ、走る回数、内的な依存の度合いが、個人および集団的欲望に刺激されてエスカレートする。人間は恐らく、自己の行為を欲望的行動へと変化させようとするのである。すなわち同化とパフォーマンス行動である。スポーツ中毒は仕事中毒に等しい。しかしそのために、労働もスポーツもそれ自体として否定されるものではない。

名誉を求める波は、目下のところ市民スポーツまでをも支配しているように思える。選手権者、準選手権者、できれば選手権者になりたいような人たちによって、市民ランニングが自己像をめぐる現実の競争や激しい競争にさせられている。あまりにも長い間受け身であった人が、いまや精神的に解放された結果、自己像の確立に目覚めたのだ。この全か無かという立場は危険なことである。もし市民ランニングが順位や記録にこだわったり、他者との競争を目的としないならば、或いは全くトレーニングをしていないか、わずかなトレーニングしかしていない人が、思い付きから自分にハードトレーニングを課すようなことがなければ、大衆スポーツはさらに良いものとなるであろう。レクリエーションと楽しみのために行われる大衆スポーツは、あまりにも厳格に競技スポーツとして行われてはならないし、自己に過大な要求をする限界までなされてはならない。苦しさに耐えることは、レクリエーションスポーツとは無縁でなければならない。すなわち、大衆スポーツは競技スポーツではないのである。『Psychologie Heute』という雑誌に「走る、驚く、良い気分」というタイトルの記事が掲載された。このタイトル名は、軽いトリム運動における回復的なランニングのモットーになるであろう。

われわれは、個人の最高点を引き上げ、維持することに向けられる自己推進的な競技（達成）スポーツと、健康を目的とし、もっぱら並の体力を維持するために行われるレクリエーションスポーツとを明確に、そして厳密に区別しなければならない。しかし人間というものは野心家であって、人と速さを比べ、自己に対し最大に高めた要求をする。つまりスポーツを二つに分けることは、概念においてのみ可能である。日常の現実においては両者の境界はぼやけている。個々人は絶えず分別のある節度と調和、よく考えられたトレーニング処方、絶え間なく続ける自己観察などを理解しなければならない。理性と徳は常に正しい基準が一つになったものである。

つまり、個人の能力向上がどれほど自己価値感を強めることができるとしても、「一般の人々のオリンピック」は、通常のオリンピックのように理解されるべきではないのである。

## (2) ささやかな達成に伴う大きな喜び

持久走の研究の結果、ランナーは自分たちの行っているスポーツを精神的作用の点から、かなり肯定的に評価していることが証明された。「ランニングは興奮をやわらげ、鎮静の効力があり、心身の調和を保つ。ランナーたちはこの快感を自覚している」という（例えば、ウェーバー）。トレーニングをすると生活が新鮮になり健康感が高まる。自己有能感は、競争或いはもちろんトレーニングにおける達成によって高められ確かなものとされる。体系的に持久トレーニングを進めるランナーに、労働負荷に対する補償作用がことさら強調される（例えば、ブラッカンとフィッシュホールド）。ウィスコンシン州のマジソンでは、ランニングを用いたトレーニングが心理療法として採用されている。ランニングは軽いノイローゼに対して、心理療法的処置を適用するよりも、はるかに効果があったのである。

このような効果は、トレーニングやトリム運動にも期待できる。持久走も、余り負荷が強くなければ達成の方法として評価されている。仮に適度な運動処方においてであっても、人間は自己の不活発さを克服し、その間、全時間にわたって努力するものである。自己の満足感と幸福感は高まる。スポーツ連盟のトリム運動は心身の健康を目指す持久トレーニングを継続し、楽しみを享受する手段として理にかなっている。健康という結果と楽しみの経験は、個人的な最高度の達成の上位に位置するべきである。ランニングやおのおのの持久スポーツに対して最高度の達成や過度の努力、競争などを強要し、自己に対する過大な要求をする態度は改められるべきである。

大いなる喜びは、ささやかな達成からも湧き上がる。ささやかな達成に伴う大きな喜びは、現実の競技スポーツをまねる態度から得られるものではないし、また競技スポーツをモデルとすべきものでもない。

トリムのランニングでは、個人的な達成を更新することはどうでもよい。幸福感、楽しさ、喜びが問題なのである。「魅力は動きの中の美しさである」というレッシングの言葉を、「魅力は動きの中の或いは動くことの喜びである」と言い換えることができるであろう。

本来のレッシングの言葉もまた、レクリエーションスポーツと大衆スポーツにあてはまると思われる。

天気の良い日に、ゆっくりとした揺れるようなリズムで行われるクロスカントリー走は、気晴らしと美的な感覚をもたらす。例えば晩夏の陽気に抱かれて、心地よくトレーニングを行っている情景を思い浮かべてみるがよい。このような恵まれた状況の中で走るならば、そこでもわれわれはリズムに乗り、エレガントに優美に走る体験をすることができるだろう。フローの体験は、余暇でスポーツをする人にもまた体験可能である。リズミカルなクロスカントリー走であれ、美的スポーツ種目であれ、フローの体験は起こるものである。

# 8　「スポーツの重要性が始まる－スポーツのあとで」

「スポーツの重要性が始まる――スポーツのあとで」。これはかつてオリンピックに出場したフランスのボート選手が主張した言葉である。この言葉は多義的であり、一見すると逆説的に聞こえる。この言葉は一方では、かつて競技者であった中高年にとって、引退後の身体活動の在り方と健康の関係を示唆している。特に高い能力を必要とする競技スポーツの選手は、トレーニングや身体に関わる運動と努力を突然やめてはならない。このことは多くのスポーツ医学的観点から、あたかもスポーツ選手が全くトレーニングをしていないことと同様、危険なことであると見られている。この原則は、いわゆる年長者或いは高齢者スポーツの重要性を――とりわけ年をとったかつての競技者に対し、しかし他方ではもちろん若い競技者に対してもまた――ことさらに譴責する。この原則は「生涯」スポーツ種目を示唆するものである。

高齢者のスポーツに関連付けて言えば、この文章はスポーツ固有の活動が及ぼす心理社会的機能に言及しているとも解釈できる。いわゆる「行動理論」によって、高齢者の活動に関する独自性の度合いと気分の関係が検証されている。マードック他によると、高齢者の四分の三が高尚な活動を肯定的な気分と結び付け、つまらない活動を否定的な気分と結び付けている。

有意義に推進される中高年のスポーツは、活動と生活全体にゆきわたる満足感との関係に、積極的に影響を及ぼすことができる。健康という価値によるのなら、散歩、ハイキング、登山、クロスカントリー、長距離走（ジョギング）、水泳、距離スキー、サイクリング、ボートなどの持久的スポーツ種目が重要な役割を演じている。当然のことながら、新鮮な空気に触れることや一種のレクリエーション的価値を持つという点だけでも、スポーツと見なされる多くの種目が他にある。例えばゴルフ、アーチェリー、カーリング、ヨットなどである。「しかし、結局のところ、そこには運動と技能維持の喜びがあり、著しい生理学的なトレーニング効果がもはや獲得されるはずはないとしても、人が社会的接触をもつところに高齢者スポーツ活動の十分な根拠がある」（例えば、モイゼルを参照）。

しかし生理学的機能を無視してはならない。特に競技スポーツに携わる高齢者は注意しなければならない。高齢の競技選手にとっては、健康的根拠からのみでなく心理的根拠からも重要であり、活動時間に応じて規定され、生理学的に効果が認められる軽いトレーニング状態へと至り、できる限り身体を壊すことなく激しいトレーニングから生涯スポーツの習慣へと移ることが重要である。

競技スポーツの経験と同様、競技生活引退後の軽いトレーニング或いはレクリエーションスポーツの習慣を、全ての生活の枠の中へ根づかせるという異なる生活スタイルへの移行は、特にかつて最高の舞台を経験した高齢の競技者には困難な課題のように思える。通常生活の無名性の中へ戻ることは、一流の競技者にとって受け入れ難いことである。加えて、他の生きる目的と達成トレーニングおよびその結果の有意義な回想的評価を必要とする。オーリックの調査によると、かつてオリンピック選手だった七九人のアメリカ人選手のうち、九六％が自己のスポーツ経験について回想した時、「概ね良いものであった」との評価を下しているが、引退後の生活については、六一％が重大な問題があると回答している。彼らのうちの一人は次のように語っている。「激しいトレーニングは一つの生活スタイルであり、心理的にも身体的にも中毒になってしまう。生活からトレーニングを取り除いてしまうなら、スポーツ選手には根本欲求（例えばリラックスすること、目標に向かってひたすら努力すること、達成或いは個人的満足など）を満たすことに対しての、余す所のない空虚感が残される可能性がある。ともかく、高度達成スポーツに対する我々の社会は、純粋な身体能力以外にも競技者その人の価値を認め、引退した後に、もはや昔のパフォーマンスを発揮できなくとも、その人の価値を認めるような社会へと変わっていくべきである。競技者は自分の持ち得る能力を、トレーニングと競技以外の何事かにも振り向けるべきである。この重要性は、スポーツ選手が衰え、燃え尽き引退する前に、すでに先立って存在している。この過程は、各自がトレーニングを開始するときから始まっている」。

一流の競技者の運命は、一面的で一本の道しかないのか。オーリックは次のように述べている。「挑戦は、抜きん出た達成を手に入れようと努めるのみでなく、残された人生を破壊しないものだ」。仮に一流の競技者にとってスポーツが最も重要であるとしても――とりわけ最高の達成能力がある時であっても――「人生において最も重要なこと（スポーツ）と唯一なすべきこと（すなわち人生）の区別をすることが重要である」。このためには、調和と他の目標を必要とする。プライオリティー、プラン、プログラムは人生の中で変化する。緊張の後に弛緩が訪れ、同時にまた別の緊張が続く。スポーツは――緊張と弛緩のゆっくりとした変化においてですら――長期的な生活リズムと段階的移行を伴い得るし、伴うべきである。

「過ぎたるは及ばざるが如し」と古代の哲学者は警告した。これは確かに今日にも当てはまる。かつて一流であった高齢の競技者にとって、徐々に分別のある適度なものへと至り、自己の能力を現実的に判断し受け入れなければならないということは、もちろん困難なことではある。古代の偉大なレスラーで、オリンピアとデルフィの競技会で六度優勝し、イストミアで十度、メシアで九度優勝したクロトンの人ミロンは、彼が既に老人となって競技者たちが運動場で練習しているところを見た時、己の筋骨をながめつつ涙を流しながら、「やれやれこっちのものは早や死んでしもうた」と嘆いたと伝えられている。キケロは『老境について』という著作の中で、ミロンを叱咤している。

「愚か者よ、げに死んだのはさういふものではなく、むしろお前の本性ぢや、だいたい汝が名をなしたのは汝の本性から出たことではなく、汝の肺臓と筋骨から出たことなのだ」。

ミロンの言葉は、若い力の喪失に対するギリシャ人の悲しみを典型的に語っているのだろうか。老年時代はギリシャ人に嫌われていた。今日の我々についてはどうであろうか。若さの崇拝は、確かに我々の社会においても――特にスポーツでは――強調され過ぎてはいないだろうか。老年の競技者は若年崇拝の傾向に逆らい、慎重に自己の可能性に順応することが可能であるし、またそうすべきである。つまり、身体的負荷においても過少要求でなしに過大要求でもなしに、活動的であり続けながら程よく生きることである。老年の競技者は、人生における優先性と価値を賢明に変えてゆかねばならない。老競技者は、ささやかなものに向かうべきである。ひいては、郷愁がとめどもなく広がることのないように、もはや競技者でない人が回想の中だけで生きることのないようにするために、競技に代る目的と活動の評価が重要である。その後で、老競技者は老齢と分別を乗り越えて、再び新たな青春期を楽しむことができるのである。哲学者ピタゴラス（彼自身、競技者でもあり、トレーナーでもあったようだ）の弟子であったミロンについてのゲーラーの論文は、ヘルダーリンの『ソクラテスとアルキビアデス』という詩で終わっている。最後に私はその詩を、年齢差という点でも、競技者と哲学者という関係においても似ている二人になぞらえようと思う。すなわち、ミロンとピタゴラスに。

## ミロンとピタゴラス

聖なるピタゴラスよ　なぜおんみはいつも
この若人に慇懃をつくすのか　より偉大なものをおんみは知らぬのか
なぜおんみの眼は愛をたたえて　神々を仰ぐように
この若人にそそがれるのか

深いことに思いをひそめた者は　撥溂したものを愛する
世を見極めた者は　若さのめでたさを理解する
こうして賢者らはしばしば
ついには美しいものに心を傾けるものだ

〜〜〜〜〜〜〜〜〜〜

# あとがき

I

本書はHans Lenk著Die achte Kunst Leistungssport-Breitensport.（Interfrom:Zürich,1985）の全訳である。レンク博士の著作はすでにわが国でもいくつか翻訳がなされており、本書はスポーツをテーマにしたものとしては『競技力向上とグループダイナミックス』（綿井、平澤訳、一九七七）『フェアネスの裏と表』（片岡他訳、二〇〇〇）に続いて三冊目の訳書となる。また哲学分野のものとしては二〇〇三年に応用倫理をテーマにした『テクノシステムの時代の人間の責任と良心』（山本、盛永訳）が東信堂から出版されている。

レンク博士の経歴についてはそれらの訳書ですでに紹介されているが、まだご存じない方のために簡単に触れておきたい。著者のハンス・レンク氏は、一九三五年ベルリンに生まれ、一三六一年キール大学にて哲学博士、一九六六年哲学教授資格、一九六九年社会学教授資格（いずれもベルリン工科大学）をそれぞれ取得し、現在はカールスルーエ大学の哲学正教授である。この間、客員教授としてイリノイ大学（一九七三）、マサチューセッツ大学（一九七六）、サン・パウロ大学、ベロ・オリゾンテ大学（いずれも一九七九-一九八一）、ザルツブルク大学、グラーツ大学（いずれも一九八五）、フォートワース大学（一九八七）などに招かれ、現在もストラスブール大学の客員教授を務めている。また、カールスルーエ大学人文・社会学部長、国際スポーツ哲学会長、ヨーロッパ法哲学アカデミー副会長、ドイツ哲学会長、ドイツオリンピック委員、国際オリンピック・アカデミー名誉会員などを歴任している。研究者としての業績としては、カール・ディーム科学賞（一九六二）、ジーフェルト賞（一九七三）、ノエル・ベーカー賞（一九七八）などの受賞歴があり、他方、競技者としては一九六〇年のローマ・オリンピックのエイトで優勝している。さらにコーチとして、一九六六年の世界選手権でドイツのエイトを優勝に導いている。

本書の内容がスポーツを考える上でどのような意味を持つのかについては著者のレンク博士が日本語版への序文で記しているので、ここで繰り返す必要はないと思われる。したがって、ここでは本書をお読みいただく際に多少なりとも参考になると考えられる情報を補うにとどめておきたい。

Ⅱ

レンクは一九八三年にスポーツ哲学としては彼の主著ともいえるEigenleistung:Prädoyer für eine positive Leistungskulturを本書と同じInterfrom社から出版している。ここでレンクは彼のスポーツ哲学における主要概念というべき"Eigenleistung"を確立している。それに続く本書は彼のスポーツ観をよりダイレクトに表した内容になっている。第一章ではスポーツ解釈への批判が展開されている。レンクはこれまで競技者をたびたび神話的に解釈してきている。その代表的なものは一九七四年の『達成スポーツ：イデオロギーか神話か』Leistungssport: Ideologie oder Mythos?における競技者の神話的解釈である。このことを念頭に置けば、第一章の中でしばしば「神話的」という言葉が使われていることに納得がいくものと思われる。レンクは倫理学にも早くから関心を向けている。一九八九年に来日した際にもスポーツ倫理に関したテーマで講演を行っている。近年の著作では冒頭で紹介した「テクノシステム」はその現れであろう。第三章の「能力の限界」はそうした倫理学への関心と彼の人間学の知識が融合している部分である。レンクは一貫して倫理問題を「責任の倫理」に方向付けようとしている。つまり、倫理的反省ないしは分析を要請する事象に対して、責任の所在を明らかにするためのいわば「責任のシステム」構築に努力を傾けているといえるのである。（ちなみに、これら責任倫理のシステム化については、Maring, M.との共編著 Wirtschaft und Ethik. Stuttgart: 一九九二や Ropohl, G. との共編著 Technik und Ethik. Stuttgart:1987 に詳しい）。こうした彼の倫理学への基本姿勢がこの章での現代スポーツ批判に向かわせているといえるだろう。テクノロジーの進歩とそれに伴うスポーツの高度化がいかに現実の人間から遠ざかりつつあるのかをレンクは批判しているのである。

本書におけるレンクの思考は「運動」の意味探求を経て本書の中心テーマである大衆スポーツ論へと向かってゆく。ここでのキーワードであり本書の原題にも使われているドイツ語の Kunst には多様な意味がある。それはたとえば、芸術、技術、学芸などである。Kunst の語源は Technik と同じくギリシア語の「テクネー」、ラテン語の ars に由来している。古典の世界に語源を持つこの Kunst は近代哲学の中に再び姿を現す。その近代における哲学用語として重要なのはカントの『判断力批判』における Kunst であろう。カントによるここでの Kunst の訳語については岩波書店版全集（一九九九）の訳者である牧野英二氏がその多義性について次のように指摘している。「…今日では一般に、芸術は schone Kunst の訳とされ、Kunst は技術と訳される。但し、本書では schone Kunst は「美術」と訳出した。カントの時代には技術と芸術の区別は必ずしも明確ではなく、またカントは本書で Kunst を Technik（技巧）や「自然の技巧」（Technik der Natur）と明確に区別しつつも、他方でほぼ同義的に使用する場合もある。本書では技術 Kunst は、自然の技術と人間の技術（人為／人工／仕業）との両概念を含む用法として使用される。また当時のドイツの用法にしたがって Kunst によって、今日の芸術を表す場合も少なくない」（牧野英二、全集八判断力批判上、p.二六九、訳注参照）。このように、Kunst の概念を正確に一つに定めようとすることは困難なのである。レンクが最終的にスポーツを自由学芸ととらえようとしながらも芸術との区別に注意を払わざるを得なかったのは、カントにみられるような伝統的なドイツ語の用法が常に念頭にあったからではないだろうか。

われわれは、レンクが本書でテーマとした Kunst を最終的に「学芸」と訳した。このこと自体に異論は少ないと思われる。なぜなら、リベラルアーツとの対比など、「学芸」と和訳するのに十分な証拠があるからである。

Ⅲ

ラッツェブルクRatzeburgはドイツ北部のハンブルクやリューベックの近くに位置し、三つの湖に囲まれた風光明媚な観光地である。夏には湖でのボートやカヌー、湖畔でのキャンプを楽しむバカンス客で賑わう。街は気品に満ちた美しいたたずまいをみせている。レンクは二〇代の前半をこの地でボート選手として過ごしている。一九六〇年のローマオリンピックで当時の西ドイツクルーは著名なカール・アダム（一九一二-一九七六）のコーチの基にアメリカを破り、金メダルを獲得した。そのオリンピックで優勝するまでの道のりをレンクはこのラッツェブルクで歩いている。

ラッツェブルクの地名は、レンクの著書やエッセーの中にたびたび登場する。とりわけそれは彼が競技の哲学を論じる文脈で見受けられる。たとえば、一九七九年に出版されたSocial philosophy of athleticsでは競技者の自己について論じる部分でこの地名が記されている（p.一一四参照）し、それに先立つ一九七七年には前年の六月に逝去したカール・アダムを追悼する論集Handlungsmuster Leistungssportを編集出版しその中で再三ラッツェブルクでのアダムのコーチングに触れている。とりわけ、レンクのスポーツ哲学における中心概念である「達成（Leistung）」の成立にラッツェブルクでの競技者としての生活があったことは明らかである。ラッツェブルクはいわばレンクの達成哲学を生み出した地であると言えるのである。

われわれは達成哲学の原風景を一度この目で見たいと思い、二〇〇三年の一二月中旬にラッツェブルクを訪れた。季節はずれの観光地に吹く風は冷たく、われわれ以外に観光客らしき姿は見えなかった。ラッツェブルク湖に面する街の一角に、カール・アダムによって創設された「ボートアカデミー」があった。一階ロビーには「達成の構造はあらゆる分野で同じである」との言葉とともに今でもアダムの像が残されている。われわれはラッツェブルク湖のほとりに立って湖を眺めた。本書の中でレンクが記述しているボートでの禅体験は、おそらくこの湖での体験に基づいているはずである。現代スポーツはレンクがオリンピックで活躍した一九六〇年代におけるそれとは大きく異なり、そして今なお日々変貌を遂げている。ドーピング問題にしてもますます複雑になっている。このような状況の中で、レンクの目にはラッツェブルクの風景が今どのように映っているのだろうか。レンク本人はラッツェブルクに関する話題には消極的であるように少なくとも私たちには?思えた。達成の産地としてのラッツェブルクは今日もはやその象徴性を失い、単なる過去の遺物に過ぎないのであろうか。スポーツもまた、「かつて人類が作り上げた偉大な文化としてスポーツというものが盛んに行われた時代があった」と語られる時代が来るのだろうか。そして我々は次の世代に何を残していくことができるのだろうか。そのために何をすべきなのか。スポーツ哲学が追求しなければならないテーマは、依然としてわれわれに突きつけられている。

ハンス・レンク博士の情報を付け加えておこう。二〇〇四年からカールスルーエ大学の哲学科（インスティテュート）の主任教授がレンク博士から Hans-Peter Schütt 教授に替わり、二〇一五年まで名誉教授として引き続き講義・ゼミナールを担当していたが、二〇一七年現在は講義・ゼミナールからも引退している。一九九八年に世界哲学アカデミーの副会長に選出され、二〇〇五年には会長に選出されて世界哲学会議の運営に中心的な役割を果たしてきた。二〇一七年からカールスルーエ大学の人文社会科学分野で使用してきた研究棟が使用できなくなり、それに伴ってレンク博士も大学の研究室を空けることになり、現在はカールスルーエ近郊バルトブロンの自宅で思索と執筆の日々を送っている。

本書のオリジナルテキストである"Die achte Kunst"は一九九〇年の筑波大学大学院における片岡暁夫先生の大学院春合宿ゼミで最初に取り上げられた。その時一緒に参加したメンバーは他に大嶋徹氏（東京家政大学）、河野清司氏（至学館大学）、大橋（旧姓窪田）奈希左氏（上越教育大学）である。また、下訳の一部は河野氏と大橋氏によるものである。本訳書の協力者としてここにお名前を記すことで感謝申し上げる次第である。様々な文献からの引用部分に関して和訳のあるものについてはそれを参照させていただいた。訳者諸兄の学恩に深く感謝申し上げる

二〇一七年七月

訳者

本書での引用にあたって用いた邦訳は次のとおりである。

アリストテレス（今道友信、村川堅太郎、宮内璋、松本厚訳）詩学 アリストテレス全集第一七巻 東京、岩波書店一九七七
アリストテレス（山本光男、村川堅太郎訳）政治学アリストテレス全集第八巻東京岩波書店一九七七
生野幸吉、檜山哲彦 ドイツ名詩選:岩波文庫三二-四六一-一 東京、岩波書店一九九三
梅棹忠夫 監 世界民族問題事典 東京 平凡社一九九五
オイゲン・ヘリゲル（稲富栄次郎、上田武訳）弓と禅 東京 福村出版一九八七
オイゲン・ヘリゲル（柴田治三郎訳）日本の弓術:岩波文庫三三-六六一-一 東京、岩波書店一九九五
ガルウェイ（後藤新弥 訳）インナーゲーム 東京 日刊スポーツ出版社一九七六
ガルウェイ（後藤新弥訳）インナーテニス東京 日刊スポーツ出版社一九七八
カント（篠田英雄 訳）判断力批判（上）岩波文庫三三-六二五-七 東京 岩波書店一九七八、一二八
キケロ（吉田正通訳）老境について 岩波文庫三九四七 東京 岩波書店一九四五、二六
ゲーテ（生野幸吉訳）西東詩篇 ゲーテ（松本道介ほか訳、登張正實ほか編）ゲーテ全集:第二巻 東京 潮出版社一九八九、八三-一九
鈴木大拙（北川桃雄訳）禅と日本文化 岩波新書（赤版）七五 東京 岩波書店一九九六
チクセントミハイ（今村浩明訳）楽しむということ 東京 思索社一九九一、六六
デズモンド・モリス（藤田統訳）マンウオッチング（上・下）小学館ライブラリー一四 一九九一、一九九六
手塚富雄、神品芳夫 ドイツ文学案内 岩波文庫 三五-〇〇三-一 東京 岩波書店一九六三、一九九三、一九九六
ニーチエ（西尾幹二訳）ホメロスの技競べ 遺された著作（一八七二-一八七三年）ニーチエ（大河内了義ほか訳）ニーチェ全集 第一巻（第二期）東京、白水社一九九二、三五五-三六六

プラトン（森進一、池田美穂、加来彰俊訳）法律（上・下）岩波文庫三三－六〇一－一一・三三－六〇一－一〇　東京　岩波書店一九九三
プラトン（藤沢令夫訳）国家（上・下）岩波文庫三三－六〇一－七・三三－六〇一－八　東京、岩波書店一九八三
プラトン（田中美知太郎訳）テアイテトス・プラトン（田中美知太郎編）プラトン・世界古典文学全集　第一四巻　東京　筑摩書房一九八二、四－九－五七
廣川洋一　ソクラテス以前の哲学者著作断片　ソクラテス以前の哲学者　東京　講談社一九六九、一七五－三七五
ホセ・オルテガ・イ・ガセー（西澤龍生訳）狩猟の哲学　反文明的考察　東京　東海大学出版会一九七八、一六九－三〇二
ホメロス（松平千秋　訳）イリアス（全二冊）　岩波文庫　三二－一〇二－一二　東京　岩波書店一九九六
ホメロス（松平千秋　訳）オデユッセイ（全二冊）岩波文庫　三二－一〇二－四・三二－一〇二－五　東京　岩波書店一九九四
ポール・ワイス（片岡暁夫　訳）スポーツとはなにか　東京　不昧堂出版
マイケル・ノバック（片岡暁夫　訳）スポーツその歓喜　東京　不昧堂出版
マックス・ヴェーバー（大塚久雄　訳）プロテスタンティズムの倫理と資本主義の精神　岩波文庫　三四－二〇九－三　東京　岩波書店一九九六
ヤコブ・ブルクハルト（新井靖一訳）ギリシヤ文化史　第四巻　東京　筑摩書房一九九三
ロラン・バルト（篠沢秀夫訳）今日における神話　神話作用　東京　現代思想社一九七四
コンラート・ローレンツ（日高敏隆、久保和彦　訳）攻撃　－悪の自然史－　東京　みすず書房一九九六
ルネ・ジラール（吉田幸男　訳）暴力と聖なるもの　東京　法政大学出版局一九八二
ルース・ベネディクト（米山俊直　訳）文化の型　東京　社会思想社一九七三、一九八〇
カール・デイーム（福岡孝行　訳）スポーツの本質と基礎　東京　法政大学出版局一九六六、一九七八
アレン・グートマン（清水哲男　訳）スポーツと現代アメリカ　東京、ＴＢＳブリタニカ一九八一
アーノルド・Ｒ・ベイサー（藤原健固　訳）スポーツ心理学　スポーツによる心理的社会的障害　東京　ベースボール・マガジン社一九七六
アルノルト・ゲーレン（平野具男訳）人間　－その本性および世界における位置－　東京　法政大学出版局一九八五、一九八七

エリアス・カネッティ（岩田行一 訳）群衆と権力（上・下） 東京 法政大学出版局一九七一

レッシング（斎藤栄治 訳）ラオコオン 岩波文庫 東京 岩波書店一九七〇、一九九一

ヘルマン・レールス（長谷川守男 杉本政繁 監訳）スポーツ教育とスポーツ現実－その問題傾向展望－ 東京ベースボール・マガジン社 一九九〇

ピーター・マッキントッシュ（水野忠文 訳） フェアプレイ スポーツと教育における倫理学 東京 ベースボールマガジン社一九八二

〔訳者紹介〕

**畑 孝幸（はた たかゆき）**

一九五五年 大阪府出身
一九八一年 筑波大学大学院修士課程修了
一九八一年 体育学修士（筑波大学）
現 在 岡山大学教授
主 著 教養としての体育原理（共著）
大修館書店 二〇〇五

**関根 正美（せきね まさみ）**

一九六三年 栃木県出身
一九九六年 筑波大学大学院博士課程
単位取得満期退学
一九九六年 博士（体育科学）
現 在 日本体育大学教授
主 著 「スポーツの哲学的研究」
不昧堂出版 一九九九

スポーツと教養の臨界
— 身体価値の復権 —



平成29年 9 月19日 初版発行 **定価（本体 1,600円＋税）**

著 者 ハンス・レンク
訳 者 畑 孝幸
関根 正美

発行者 宮脇 陽一郎
印刷所 音羽印刷（株）

発行所（株）不昧堂出版 〒112-0012 東京都文京区大塚 2-14-9
TEL 03-3946-2345 FAX 03-3947-0110 振替 00190-8-68739

ISBN978-4-8293-0490-7 E-mail:fumaido@tkd.att.ne.jp Printed in Japan